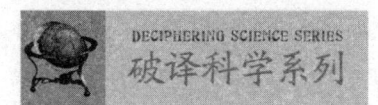

王志艳◎编著

人类未解之谜

科学是永无止境的
它是个永恒之谜
科学的真理源自不懈的探索与追求
只有努力找出真相，才能还原科学本身

延边大学出版社

图书在版编目（CIP）数据

人类未解之谜 / 王志艳编著 . —延吉：延边大学出版社，2012.9（2021.6 重印）
（破译科学系列）
ISBN 978-7-5634-5031-2

Ⅰ．①人… Ⅱ．①王… Ⅲ．①科学知识－普及读物 Ⅳ．①Z228

中国版本图书馆 CIP 数据核字（2012）第 220695 号

人类未解之谜

编　　著：	王志艳
责任编辑：	李东哲
封面设计：	映像视觉
出版发行：	延边大学出版社
社　　址：	吉林省延吉市公园路 977 号　邮编：133002
电　　话：	0433-2732435　传真：0433-2732434
网　　址：	http://www.ydcbs.com
印　　刷：	永清县晔盛亚胶印有限公司
开　　本：	16K　165×230 毫米
印　　张：	12 印张
字　　数：	200 千字
版　　次：	2012 年 9 月第 1 版
印　　次：	2021 年 6 月第 3 次印刷
书　　号：	ISBN 978-7-5634-5031-2
定　　价：	38.00 元

版权所有　　侵权必究　　印装有误　　随时调换

人类未解之谜

前言 Foreword

　　人类在不断创造历史中发展，永不停息。然而，在漫漫的历史长河中，人类究竟创造了多少奇迹，又留下了多少谜团，人类至今也没能破解其中的奥秘，也许我们很难去逐一考证。但是，毕竟有许多神秘莫测的未解之迹因备受关注而常驻人们心中。如：地球上的生命是从哪里来的；人类能够改良自己的基因吗；月亮会使人精神错乱吗；为什么有人不用眼睛也能辨形察物；地球上真的有蓝色人种吗；黄种人是所有人类的祖先吗？这一个个未解之谜团有待于我们进一步探索和研究，还历史本来的面目。

　　我们编写本书的目的，是引导青少年朋友探究一件件玄疑的谜团，领略那些匪夷所思的未知世界，揭开玄秘事件隐藏的真相，还原尘封历史背后的真貌，纵观五千年世界未解之谜，探索不可思议人类神秘现象。

　　我们的目标是为青少年读者提供优秀的读物和阅读的空间，鼓励他们自主而愉快地阅读，引领快乐阅读、健康阅读的新风尚，并借此架起青少年与书籍之间的桥梁，为他们铺设一条弥漫着书香的成长之路，让阅读成为孩子一生的热爱！

　　希望广大青少年朋友通过阅读本书，真正学到知识，从书中获益，提高自身的素质，在本书的陪伴下快乐、健康地成长！

　　本书在编写过程中，参考了大量相关著述，在此谨致诚挚谢意。此外，由于时间仓促加之水平有限，书中存在纰漏和不成熟之处自是难免，恳请各界人士予以批评指正，以利再版时修正。

目录 CONTENTS

谁是地球第一人　//1

现代智人起源何处　//4

人类起源于地球浩劫吗　//7

海猿是人类的近祖吗　//9

伊特拉斯坎人消失之谜　//11

蒙古族的起源之谜　//12

女真族是如何形成的　//13

中国先民如何踏入美洲大陆　//14

黄帝是人还是神之谜　//15

4000年前的"飞机模型"之谜　//16

2000年前的电池之谜　//18

中国也建造过"金字塔"吗　//20

古罗马远征安息的大军流落何处　//24

秦国军队消失之谜　//26

一代宗师孔子出生之谜　//27

卡纳克石柱阵之谜　//29

《蒙娜丽莎》的主人公是谁　//32

"琥珀屋"之谜　//34

阿房宫为何取名阿房　//36

战争是古格王朝消失的真正原因吗　//38

罗马人为何爱好观看角斗士表演　//41

秦始皇的父亲到底是谁　//42

秦始皇是暴病而死，还是被人谋杀　//43

人类未解之谜
RENLEIWEIJIEZHIMI

成吉思汗猝死六盘山之谜 //45

努尔哈赤死因之谜 //48

多尔衮叛逆案之谜 //51

孙中山遗体到底葬在何处 //57

抗日英雄赵尚志的头颅在何处 //63

庄妃下嫁之谜 //66

纪晓岚与乾隆、和珅的关系 //73

谁是杀害拿破仑的凶手 //77

圣女贞德殉国之谜 //80

沙皇未解之谜 //83

哥伦布的生平之谜 //88

拿破仑是死于胃癌吗 //90

华盛顿是死于癌症吗 //92

希特勒为何要屠杀犹太人 //93

西汉平定"七国之乱"新探 //95

李自成兵败甲申新探 //100

郑成功收复台湾的秘诀 //103

拿破仑的一个常胜要诀 //107

丘吉尔"导演"苏德战争揭秘 //109

苏军率先攻占柏林之谜 //113

提前进攻:洋镐劈头敌胆寒 //120

"皇家橡树号"沉没之谜 //122

关于希特勒骸骨的谜团 //124

目录 CONTENTS

林肯被刺背后的隐秘　//127

马丁·路德·金之死　//130

刺杀里根的凶手之谜　//132

中国有罗马人的后裔吗　//134

罗得巨像散落在哪里　//136

笑能唤醒幸福基因吗　//139

人体转世之谜　//141

人体发胖的根源　//142

为什么人看起来大部分是固态的　//143

为什么香槟里的泡沫会使人醉得更快　//143

人真的有特异功能吗　//144

心灵致动术之谜　//145

人为什么要睡觉　//146

孪生子的奥秘　//148

爱因斯坦的大脑之谜　//151

回光返照之谜　//153

"昼生夜死"之谜　//154

集体发疯之谜　//155

山村怪病之谜　//157

骷髅"饮器"之谜　//159

飞机自行升空不知去向之谜　//161

万吨巨轮神秘消失　//162

"火炬岛"为何能导致人体自燃　//164

人类未解之谜
RENLEIWEIJIEZHIMI

奇特的梦游之谜 //166

罕见的病人之谜 //167

人的血液和皮肤为什么是蓝色的 //168

男人的大脑和女人的大脑有区别吗 //170

"赶尸"的传说之谜 //172

十二生肖里老鼠为什么排第一 //173

"能治百病"的比利牛斯山圣泉之谜 //175

石头生蛋之谜 //177

真的有外星人吗 //179

外星人传来了《易经》吗 //180

外星人曾在中国旅行过吗 //181

百慕大三角区是UFO基地吗 //183

UFO在3000年前已光临过地球吗 //184

谁是地球第一人

众所周知，距今1万多年的旧石器时代的人类，被认为是有可考历史中确实存在的地球人，而化石证据则告诉人们，人类的祖先最早出现于300万年前，这一巨大的时间差异让人几乎难以置信。然而，更令人疑惑的是：在距今5亿多年前的地层里，科学家竟发现有人的脚印，似乎越来越离谱了，而这又是有据可查的。

1978年的一天，在美国犹他州西部的羚羊镇，一位科学家正聚精会神地四处采集岩石，他就是隶属于美国哈奎尔兹公司的科学家W·J·曼斯特。当曼斯特割开含有三叶虫化石的寒武红地层时，地层里豁然显露出一个清晰可辨的人类脚印来。曼斯特又惊又喜，他立即拿出工具对脚印进行测量。这是一只长25厘米，脚趾部分宽约8厘米，脚后跟部分宽约7厘米，脚后跟部分下凹1.5厘米的人类脚印，在这只脚印底下，曼斯特发现了被踩踏的三叶虫的痕迹。

盐湖城公立学校的一位教育家比特先生在同一地点也发现过两个凉鞋脚印，而且也踩在三叶虫化石标本上。

不久后的7月20日，地质学家伯狄克又在同一地区发现了一块泥岩，上面留有一个小孩的赤脚脚印，5个脚趾隐约可见。

1984年，在英国冬米亚湖附近距今5.4亿年的奥陶红地层里，科学家也发现了一个如浮雕一样的脚印。

1987年，在美国圣路易斯距今2.3亿年的地层里，科学家们再次发现一个裸足脚印，这只长约45厘米的"大脚"，5个脚趾和脚弓都异常清晰。

此后，在美国一些形同于现今人类、出现时间却遥远得让人难以想象的人类脚印频频出现。例如在美国的内华达州的蛋白石矿山，科学家在蛋白石

△ 发现于肯尼亚北部150万前的史前人类脚印

的原石里发现了超小型的脚印，长约3.8厘米——小于人类婴儿的脚。在美国的弗吉尼亚州帕卡斯巴库近郊，科学家发现了一只长约36厘米的完整足迹。在美国堪萨斯州巴克斯塔矿区的矿岩中，则发现了长约90厘米的巨型脚印。

经鉴定，这些大大小小的脚印中，时间最近的也是在距今2亿多年前的地层中，而且，排除了人工塑造的可能。

就人类现有的知识看，这些脚印是由人的脚踏出来，然而，人类的祖先出现在地球上，只是数百万年前的事。在数亿年前，人类应该尚未出现，更没有出现过与人类足迹相似的大型动物。

随着愈来愈多的太古地层中的人类脚印被报道，人们议论纷纷。大家知道，5亿年前没有人类，甚至也没有猴子、熊等与人类类似的动物，当然也没有鞋子，何况是凉鞋！

到底是什么样的"人"能在5亿年前的地球上行走？

有人固执地认为：这是人为的恶作剧，没有研究的价值。但是，这些脚印大都被鉴定是存在于三叶虫生存的年代，倘若是人为塑造，他们是怎样将雕做好的脚印刻在岩石上，然后再埋入地层深部呢？这不仅需要大量费用，更不可能神出鬼没地不着痕迹。

在达尔文之后，我们已经深信现有人类是由古猿进化而来。考古学家和人类学家由此发现最早的人类祖先化石大约距今300万年。而地质学家根据目前所能找到的最早的地球岩石，基本上确定地球诞生于45亿年前。

我们不妨来做一个有趣的计算，即把地球以及人类的全部历史压缩到1年之中，这一年的每一秒钟约等于地球历史的140年。那么，现有人类最早的祖先诞生于这1年中的最后1天，即第365天的18时30分左右。现有人类有文字的历史出现于最后一天的最后1分钟，即23时59分30秒前后。以英国工业革命为标志的现代文明距离现在还不到2秒钟。

  这个计算使我们深切地体会到现有人类历史的短暂和渺小。难道在现在人类诞生以前的364天零18个小时内，或者说是在44.97亿年漫长地质年代里，地球上的高等智能生物真是一片空白吗？会不会在我们以前曾经有过类似人类的高等智能生物呢？一些科学家认为这种可能性是存在的。

  于是，有人提出了地球文明循环说。

  生物学家推论，在地球诞生以来的45亿年中，地球生物从无到有，又从有到无，经历了5次大灭绝，时间大约是5亿年前、3.5亿年前、2.3亿年前、1.8亿年前、6500万年前。

  有人认为，在20亿年前，地球上就出现过高度文明的生物。然而，全球性大毁灭以及亿万年的自然变迁，抹掉了一切痕迹。我们现在迷惑不解的许多遗址、遗物，不过是有幸保存下来的高度文明的残有物。即使是一度文明，也是几经毁灭性的劫难，当代人类也只是那些幸存者的后裔而已。

  一般认为，上一次文明是在公元前1万年前到12000年前断开的，从林林总总的考古遗迹，特别是被发现的海洋中的建筑群即是一批活的见证。

  1977年，雷内诺尔伯根在纽约出版了《失落种族的秘密》。他说："正统的历史学家和人类学家都有一个一致的观点，即人类文明是一个逐步上升的过程——从低级到高级。这种说法现在正受到挑战，我们应该以一种全新的方式来探索人类的文明史了。"

  到底有没有史前文明存在？如果有，怎样论定这一度或几度文明的存在？如果没有，怎样解释这超越时代的史前遗址、遗物呢？结论大概只有两个：在大约数亿年前，地球已经有用双足直立行走、类似人类的大型或巨型生物；或者他们是来访地球的外星人。总之，在这一点上，正统的历史学家、人类学家同新锐的天文学家正在进行一场旷日持久的论战，我们等待着这一场论战的结局。

人类未解之谜

现代智人起源何处

距今4～5万年前，人类的体质已经发展到与今天的现代人没有太大差别的程度，称为现代智人。这一时期，冰河渐渐消退，天气转暖，人不仅居住在山洞里，也居住在平原上，这时，除了两极之外，地球上其他地方都已经有人类居住了。那么，究竟什么人算是现代智人了呢，现代智人是如何进化的，什么人是现代智人的起源呢？

被古人类学家称为晚期智人、现代智人或干脆就叫做现代人的，是最早的在身体解剖结构上与现代人完全相同的人类，现代智人与早期智人形态上的不同主要表现在面部以及前部的牙齿缩小，眉脊减弱，颅骨的高度增加，使其整个脑壳和面部的形态越来越与现代人一样。他们的整个躯干的结构表明，他们已经完全能直立行走，脑容量达到了1400毫升以上，他们的出现表明人类体质发展的过程已经到了最后完成的阶段。

△ 现代智人

关于现代智人的起源问题，目前存在两种截然不同的假说：一种假说认为，现代智人起源于直立人群，直立人经过演化成为了现代智人，这种假说被称为多地区进化假说；另一种假说则认为，现代智人在约10万年前起源于非洲，并走出非洲扩张到世界各地，取代了当地的直立人和远古智人，走出非洲的这部分智人进一步演化为现代智人，这样的假说称之为非洲起源说。

持多地区进化假说的科学家,他们的主要依据来自于对各种化石的研究,结果表明,当地的古人化石与现代人在解剖学上呈现一定的连续性变化。持非洲起源说的科学家的主要证据则来自各种理论分析和考古研究,现代分子遗传学的研究成果也有力地支持了这一假说。究竟谁是谁非呢?我们先看考古中最重要的化石资料。在现代智人的起源问题上,化石的资料是什么样的呢?

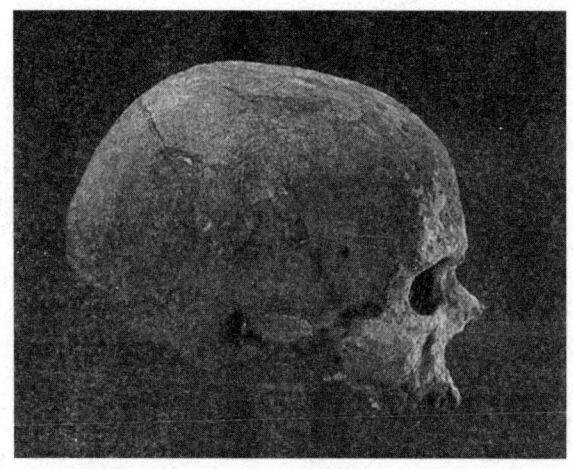

△ 晚期智人克罗马农人头骨化石

在埃塞俄比亚东北部地区发现了3个头骨化石,是年代最早、保存最完整的"现代人类直系祖先"化石,包括基本完整的一个成年男子头骨、一个儿童头骨和一个残缺的成年人头骨。他们的解剖学特征显示了他们是人类进化过程中的一个重要环节,因为现代人类的面部特征已经显现:明显的前额,扁平的面部和淡化的眉毛,这与早期人类向前凸出的头骨特征已大为不同,他们是不是已经可以称为现代智人了呢?

现在最早被发现的现代智人化石是法国的克罗马农人,但是迄今发现的生活时代最早的现代智人的化石都出现在非洲大陆,包括年代在距今10万年以上的南非的边界洞人和年代最早为距今12~13万年、最晚为距今6万年的克莱西斯河口人,克莱西斯河口人在这个地区生活的时期至少长达6万年之久。除此之外,还有埃塞俄比亚的奥莫人,他们的生存年代为距今13万年,以及在坦桑尼亚莱托里地区发现的现代智人,他们的生活年代为距今12万年。同时,比过去的石器技术更为进步的、在窄石叶基础上发展起来的石器技术也在10万年以前在非洲出现。而那时候的欧洲是掌握着相对原始的莫斯特技术的尼安德特人的天下。但是,非洲的上述人类化石,其形态接近于现代人,

人类未解之谜

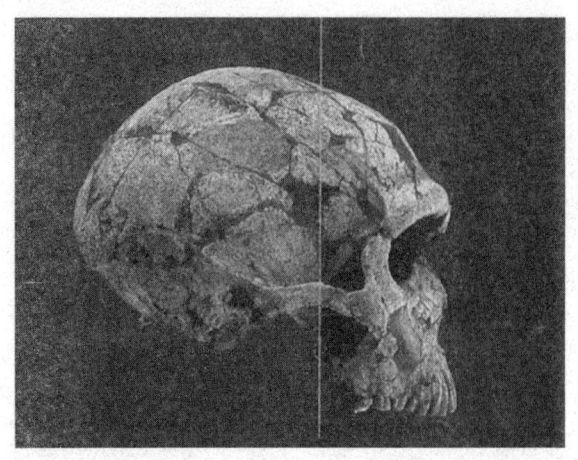

△ 尼安德特人头骨化石

其年代的可靠程度不一,都存在一些问题。现有的证据也不能肯定非洲撒哈拉沙漠以南的解剖学结构上的现代智人分化较早的观点。人类是否就是非洲起源的呢?现有的证据还不能完全地证明这个观点。

多地区进化假说,有一定的科学依据。现代智人是否是由直立人进化的呢?在直立人发展到现代人的过程中有一个中间阶段,那就是尼安德特人。解剖学的证据表明,尼安德特人的头骨有许多原始的近似猿的形状,是从直立人发展到现代人的中间环节。但是,也有的学者根据一些年代比尼安德特人更早、而形态上却远比尼安德特人更为现代的骨骼化石,认为尼安德特人不是现代人的祖先,而是与现代人祖先平行发展的另外的一种类型。现代智人是由尼安德特人以前的智人演化而来的。那么,究竟是什么样的直立人进化成了现代智人呢?在这个问题中有一个关键点就是尼安德特人的命运问题。尼安德特人究竟到哪里去了呢,他们是现代智人的祖先吗?根据从考古挖掘的地层中尼安德特人的突然消失并为现代智人所代替的现象,认为这种迅速的变化发生在3～4万年前,但是如此短的时间里可能发生这样巨大的变化吗?因为近来的众多的证据也表明,实际上人类进化的时间要长得多,也就是说直立人进化为现代智人是值得再认真思考的问题,需要更多的考古资料来支持。

人类起源于地球浩劫吗

人类作为一种高级动物，从何而来？这是科学家们至今一直在不断探求的人类起源谜团之一，也是很多人一直很感兴趣的问题。

对此，中德早期生命课题组的专家们进行了科学研究，他们对外宣布，大约在5～6亿年前，地球上发生了三次最大规模的异常事件。这可能导致了原始低级生命基因的突变、重组，继而种类繁多的动物及人类的"祖先"才迅速繁殖起来。

◎ "寒武纪大爆发"

中国科学院南京古生物研究所的朱茂炎研究员是"寒武纪大爆发时期地区环境和生命过程"的首席科学家。他为我们描述了一幅多姿多彩的图画：大约7.5～6.5亿年前，地球上白雪皑皑，平均温度在零下30摄氏度以下，这就是地球史上著名的"大冰期"。大量包括微生物之类的原始生命，被冰封

△ 寒武纪生命大爆发

在地下，无法实现生命的进一步突破。到5.8亿年前的"寒武纪"，动物生命毫无征兆地繁荣起来，一派生机勃勃的景象，三叶虫、小春虫等动物都大量出现了。动物品种的丰富让专家咋舌，科学家把这个时代定为"寒武纪大爆

发"。但是，冰川是如何过渡到生命突然繁荣的时代呢？历史留下了一连串的问号。

◎ 动物生命是起源于火山和热水附近吗？

据朱茂炎介绍，经过研究确认，在6.3亿年前，5.5亿年前，4.4亿年前，地球上肯定发生了3次明显的异常事件，其规模、强度是空前绝后的。朱茂炎描述，变化过程极其惊心动魄，南极北极磁极倒转、地球大陆板块裂解、火山呼啸喷发、冰川开始溶解、滚烫的熔浆与冰块碰撞后发出巨大的声音，地球气温开始急速升高，全球海平面下降。类似磁极倒转这样的事件如果发生在现在，可以说是人类的灭顶之灾。但在那时，却使冰封许久的原始生命迅速爆发，冰火的激情碰撞激发出新的生命基因。虽然上面的这幅场景还有待进一步研究确认，但是，在华南地区，已经有研究表明那个时期火山和热水活动非常频繁，动物生命很可能起源于火山和热水附近。

△ 喷发的火山

海猿是人类的近祖吗

根据达尔文的《进化论》可以列出的人类起源时间表：古猿：生活于800～1400万年前；南猿：生活于90～400万年前；猿人：生活于20～120万年前。

这里有两个空白期：古猿与南猿之间空缺400万年，引起了人们的关注，被称为"空白期"，为此有的学者提出了"海猿"说解释这一空白期，认为海猿是人类的近祖。

提出海猿说是根据人的许多生理学方面的特征，这些特征在别的陆生灵长类动物身上都没有，而在海豹、海豚等水性哺乳动物身上却同样存在。

英国人类学家哈代列举了人与猿猴之间的许多不同点，这些不同点大部分和水有关。例如，猿猴厌恶水，而人类婴儿几乎一出生就能游泳，而且游泳是孕妇妊娠期内唯一能进行的安全运动。猿猴不会流泪，而海豚和其他海洋哺乳动物（比如儒艮，即"美人鱼"）有眼泪。再从身体的结构上看，人的躯体绝大部分是光滑的，海洋哺乳动物相同，只有头部长有毛发，这可能和游泳时头露出水面有关，最令人瞩目的是，雄性猿猴与雌性猿猴的交配是倚伏于背部进行的，而大部分海洋哺乳动物，是面对面进行的。有趣的是，海豚生产时也像人那样，是由充当"接生婆"的海豚用"手"迎接新生儿，这和猿猴也不一样。综合这种特性，所以哈代断言：人由海洋哺乳动物进化而来，上岸的成为"人类"，没上岸的被叫做"海怪"。

动物对食盐的摄入量十分敏感，一旦体内盐分充足，便不再食用多余的盐，而人类却对摄入过多食盐不能很好地自我控制，这一特性与生活在盐分充足的海洋中的水兽相似。

人潜入水中，会引起肌肉收缩，全身动脉血管血流量减少，呼吸暂停，

人类未解之谜

△ 真的有海猿吗

心跳也变得缓慢。此时，还饱含氧气的血液不再输入到皮肤组织、骨肌和其他器官，而全部集中到维持生命的最重要的机体中心大脑和心脏上，使它们的细胞得以在几十分钟的时间内不致死亡。这种现象与海豹等水生动物的潜水反应十分相似。

科学家还认为，从海猿到人这一进化过程，大致可以这样设想：海水分隔了古猿群体，迫使其中一部分下海生活，进化为海猿；几百万年后，海水消退，海猿重返陆地，成为人类祖先。甚至还可以进行更大胆的设想：在几百万年中的某个时期，分成了两支：一支上了陆地，进化成现在的人类；而另一支留在水中，由于适应环境，进化较快，成了高于陆地文明的"海底人"。

这个设想，是否能充填"空白期"，尚有待科学家们研究证实。

伊特拉斯坎人消失之谜

伊特拉斯坎人是意大利半岛北部及西部伊特拉利亚地方的民族,在公元前3世纪以前的数百年间曾盛极一时。后来,随着罗马崛起,伊特拉斯坎文化也就随之湮灭了。在意大利各处发现的大批伊特拉斯坎人墓葬,曾挖掘到不少这个往日一度昌盛民族的工艺美术精品,但

△ 伊特拉斯坎文明

伊特拉斯坎人在各个消失的文明中,仍然是最神秘的。

19世纪末,考古学家在一具木乃伊的裹布上发现一篇用伊特拉斯坎文写的文章,共216行,像是某种宗教传单。自从德国专家鉴定木乃伊裹布上的文字确是伊特拉斯坎文以来,有不少语言文学家热切地探索这谜一样的文献。但令人遗憾的是,我们至今仍未掌握伊特拉斯坎语的密码。

1964年,在罗马附近派尔基(今圣塞韦拉)地方伊特拉斯坎神庙,著名的伊特拉斯坎研究专家、意大利的帕少蒂诺教授挖掘出3块金牌,其中两块上刻有宝贵的伊特拉斯坎文,另一块刻有古迦太基文,而古迦太基文是语言文学家已经通晓的文字。那块刻有古迦太基文的金牌,是否就是两块伊特拉斯坎文金牌或其中一块的译文呢?经过专家几个月的研究,仍然没有头绪。

相信总有一天科学家会破解神秘的伊特拉斯坎文,并找到伊特拉斯坎人消失的秘密。

蒙古族的起源之谜

蒙古族是一个既神秘而又特殊的民族，古代时这个民族生活在大漠地带，在世界历史上曾产生过巨大影响。目前，在学术界，已经形成了研究蒙古族历史和文化的世界性学科"蒙古学"。大家关注的焦点则是这个民族的起源问题。据不完全统计，到目前为止，关于蒙古族的起源问题，已提出了10多种不同的观点，众说纷纭，莫衷一是。

关于蒙古族的族源问题，自古以来就是一个说不清的问题。在我国最早的文献记载中，一般把蒙古族称为"鞑靼"。这一名称最早见于唐开元二十年的突厥文《阙特勤碑》，在汉文史料里最早见于李德裕的《会昌一品集》。清代的何秋涛则认为蒙古族来源于"铁勒"。而前苏联的学者俾丘林认为，匈奴就是蒙古族的古名，这一说法，在蒙古人民共和国颇为流行。

还有一种比较流行的说法，认为蒙古族起源于唐朝史书上记载的"蒙兀室韦"，这一说法是由日本史学家白鸟库吉在20世纪20年代提出来的。他认为，古书上记载的蒙兀，就是后来的蒙古。这一说法在我国产生了不小的影响，学者方仕酞就认为："溯其源，则女真、蒙古二族似同出事之室韦民族。"有一部记载蒙古历史的书叫《蒙兀儿史记》，其作者就直接称蒙古为蒙兀，最近出版的《蒙古简史》，也赞同"蒙兀室韦"说。

最近，蒙古族学者苏日巴拉哈又提出了自己的独特看法。他认为，蒙古族的历史可追溯至公元前20世纪，史书上的狄历、丁零、铁勒、敕勒、高车、赤狄和白狄，都是这个民族的不同称号。

争论越多，越难形成一致的看法。关于蒙古族的族源问题，看来还得继续争论下去。

女真族是如何形成的

女真族是古代生活在我国东北的一个部族。他们在山谷里用桦树皮和木棍建成小屋，屋内用泥土垒成炕，炕下可以烧火煮饭。妇女们把头发盘成发髻，男子脑后留发辫垂在后面。一般认为，女真人的族源应该属于蒙古种，但也有不同的意见，在《三朝北盟会编》中就有这样的记载："多黄发，鬓皆黄，目睛绿者，谓之黄头女真。"按照这样的描述，倒有点像欧洲人。

过去，人们常把女真族看做是承袭肃慎、挹娄、勿吉等部族，其理由如下：这些民族生活的地域基本一致，都是在从松花江流域到东部大海之间这一广阔的地区，在语言、种族特征及风俗习惯上也都存在着一致性。

与之不同的观点认为，肃慎、挹娄、勿吉、女真等部族不是简单的一脉相承，他们在语言、地域特征及风俗习惯上虽有某种一致性，但这不能表明他们民族源流的一致性。其理由是，这些部族名称的出现虽有先后，但从史籍记载的情况看，它们不是交替出现的，有时是同时出现的。如《北齐书》就记有肃慎和勿吉同时来贡的情况。而在阿骨打统一女真族以前，前面提到的几个部族还没有形成一个统一的民族，而是分散着的许多独立部落。女真族在形成民族共同体的过程中，经过迁徙、并吞和融合，有其他民族的融入，也有的融入其他民族。比如，金代他们曾从中原掠去大批汉人，这些汉人都融入了女真族。同时，也有相当一部分女真人流入中原，被汉人所同化。这就是说，女真族不是简单的由肃慎、挹娄、勿吉等发展而来的。

上述说法哪一种更符合女真族的真实面目，还有待于进一步科学考证。

中国先民如何踏入美洲大陆

中国与美洲远隔重洋,在交通不发达的古代是无法来往的。但是,美洲的一些考古新发现,却证明中国先民很早就踏上了这块土地。

在墨西哥曾出土一种陶制人头像,完全是亚洲人的脸形,并且头上戴的是中国式的冠帽。此外,还出土了一些带有头盔的巨石头像,其面部特征也有些像蒙古人种,在位于洪都拉斯西部边境的玛雅文化科潘遗址中,出土了一种立柱式浮雕像,其面部特征与中国人极为相像。

在美洲的专古中,还发现了一些文字。墨西哥考古学家威勒在墨西哥南部的德第瓦坎发掘出一块玉璧,上面书写着汉字。墨西哥专家罗曼·门那鉴定认为这是一块中国汉玉,埋在地下已超过1000年。

在墨西哥西部靠近太平洋的地方还出土了一种特殊陶片,上面有23个图形。台湾学者、史学家卫聚贤认为,这是殷纣王失败后,其遗民东渡美洲后刻下的"亚"字,表示其不忘故土之意。

1988年4月,考古学家克拉贝在秘鲁首都利马东郊发现了一具木乃伊,随葬品中还有两匹马,一辆马车,以及绘制精细的中国和秘鲁地图。木乃伊旁有一些陶器,上面绘有印第安女子向一名东方男子顶礼膜拜的图像。

在美洲,类似的发现不胜枚举,而且年代有远有近,似乎从远古以来,中国人一直没有中断对新大陆的访问,这就使人产生了不少疑问:在古代,中国人通过什么工具横渡太平洋的,是什么力量促使他们背井离乡前往异域的,他们与当地的印第安文明究竟有什么关系,为什么宋、元以后中国人停止了对美洲的访问?这些问题还有待于进一步探索研究。

黄帝是人还是神之谜

在峰峦起伏的陕北高原上，有一个黄陵县，其县城北部0.5千米处有一座山，名为桥山，山上古柏成林，郁郁葱葱。桥山顶上有一座高大的陵墓，这就是传说中的中华民族的祖先黄帝的墓，人们称其为"黄帝陵"。在中国历史上，无论是历史典籍还是神话传说，都有许多关于黄帝的记载。在三皇五帝中，他的名声最响，业绩卓著，被视为中华民族的象征。然而，为什么他被称为"黄"帝，黄帝究竟是人还是神，这些至今仍然是一个谜。

黄帝究竟是人还是神，学术界至今尚无定论。我国著名的神话研究专家袁珂先生认为，黄帝为一神话传说中的人物。他起于雷电，最初的神职为雷神，后以雷神崛起而为中央天帝。另一位专家曲辰则认为，黄帝是历史上确确实实存在的历史人物。

据《史记·五帝本纪》载："黄帝者，少典之子，姓公孙，名轩辕。生而神灵，弱而能言，幼而徇齐，长而敦敏，成而聪明。轩辕之时，神农氏世衰，诸侯相侵伐，暴虐百姓，而神农氏弗能征。于是，轩辕乃习用干戈，以征不享，诸侯咸来宾从。"这段记载反映出，黄帝生下来就很神奇灵异，襁褓中就能说话，显示了其与众不同的禀赋。为什么称他为"黄"帝呢？一些学者认为，黄帝为五天帝之中央天帝，是管理四方的中央的首领，又因专管土地，而土是黄色的，故名"黄帝"。更有学者认为，"黄帝"的名称实际上反映了原始农业文明时期，人们对黄土地的崇拜的一种特殊感情。

人类未解之谜

4000年前的"飞机模型"之谜

1903年,人类制造了第一架飞机。但是,考古学家却发现了4000年前的飞机模型,这是怎么回事。

早在1898年,在埃及一座4000多年前的古墓里,发现了一个与现代飞机极为相似的模型。这个模型是用当时古埃及盛产的小无花果树木制成的,重量为31.5克。因当时人们还没有飞机这个概念,便把它称为"木鸟模型"。现在,这个模型放在开罗古物博物馆第22室,编号为"物种登记"第6347号。

△ 埃及古墓中出土的"飞机模型"

直到1969年,考古学家卡里尔·米沙博士获特许进入这个博物馆的古代遗物仓库,发现了这个"木鸟模型",经详细分析和研究,他断定这绝不是什么"鸟",而是飞机模型。因为,在埃及的许多古墓里,发现了许多飞鸟一样的模型。这些飞鸟模型有个共同特点,即都有鸟足,形状多是半人半鸟。而这个模型除了头有些像鸟外,其他部分都与现在的单翼飞机差不多,有一对平展的翅膀,一个平卧的机体,尾部有垂直的尾翼,下面有脱落的水平尾翼的痕迹。

为了弄清这架飞机模型的本来面目,米沙博士便建议埃及文化部组成特别委员会进行专门的调查研究。1971年12月,由考古学家、航空史学家、空气动力学家和飞行员组成的委员会开始了对这架飞机模型的研究。经鉴定,许多专家们认为,它具有现代飞机的基本特点和性能:机身长5.6英寸,两翼是直的,跨

△ 古埃及壁画中的各种飞行物

度7.2英寸,嘴尖长1.3英寸,机尾像鱼翅一样垂直,尾翼上有像现代飞机尾部平衡器的装置。尾翼除外形符合空气动力要求外,还有反上反角的特点,使机身有巨大的上升力。机内各部件的比例也很精确,只要稍加推动,就能飞行一段距离。所以,一些专家们断定,这绝不是古埃及工匠给国王制造的玩具,而是经过反复计算和实验的最后成品。后来,在埃及其他一些地方又陆续找到了14架这类飞机模型。

更令人奇怪的是,在南美洲的一些地方,也发现了一些与古埃及飞机模型极为相似的飞机模型。在南美一个国家的地下约780英尺深的地方,挖出了一个用黄金铸造的古代飞机模型,现代的B52型轰炸机十分相像。据科学家们分析,这架飞机模型不但设计精巧,而且具有飞行性能。美国纽约研究所的专家们在为这架古代飞机模型做过风洞试验后,绘制了一张技术图纸,这些图纸把古代飞机的概貌描绘出来。1954年,哥伦比亚共和国在美国的博物馆展出过古代金质飞机的模型。后来,在南美其他国家也陆续发现过这类飞机模型。

埃及与南美之间的飞机模型之间有什么内在联系吗,是埃及人驾机曾经飞到过南美洲吗?既然4000年前的人已经发明了飞机,可为什么直到1903年才有了世界上的第一架飞机呢?古代人凭借什么手段制造了飞机呢?如果这些谜都解不开,人们就只好把这件事归结为外星人了。西方已经有人认为:几千年前的人根本不可能造出飞机,这些飞机模型都是外星人留在地球上的。

2000年前的电池之谜

1936年6月,伊拉克考古学家在巴格达城郊发现大量公元前248～226年波斯王朝时代的器物,其中包括一些奇怪的陶制器皿、锈蚀的铜管和铁棒。当时任伊拉克博物馆馆长的德国考古学家威廉·卡维尼格描述说:"陶制器皿类似花瓶,高15厘米,白色中夹杂一点淡黄色,边沿已经破碎,上端为口状,瓶里装满了沥青。沥青之中有个铜管,直径2.6厘米,高9厘米,铜管顶端有一层沥青绝缘体。在铜管中又有一层沥青并有一根锈迹斑斑的铁棒,铁棒高出沥青绝缘体1厘米,由一层灰色偏黄的物质覆盖着,看上去好像一层铅。铁棒的下端长出铜管底座3厘米,使铁棒与铜管隔开,看上去好像是一组化学仪器。"经鉴定,他宣布了一个惊人的发现:"在巴格达出土的陶制器皿、铜管和铁棒是一个古代化学电池,只要加上酸溶液或碱溶液,就可以发出电来。"这就意味着,早在公元前3世纪,居住在该地区的波斯人就已开始使用电池,比18世纪由世界著名物理学家伏特发明的第一个电池还早两千多年。后来,卡维尼格用陶制器皿、铁棒、沥青绝缘体和铜管组成了10个电池。几个月后,他在柏林公布了更为惊人的消息:"古代人很可能是把这些电池串联起来,用以加强电力。制造这种电池的目的在于用电解法给塑像和饰物镀金。"

古人是否已经使用电池?为了证明这一点,德国考古学专家阿伦·艾杰尔布里希特仿照巴格达电池,制作了一些陶瓶、铜管和铁棒,从新鲜葡萄里榨出汁液,然后倒入铜管内。奇迹出现了,与电池相连的电压表指针移动起来,显示有半伏特的电伏。他有一个公元前5世纪的古埃及银像,银像外面镀着一层又薄又软的金箔。他认为这样的镀金用粘贴或镶嵌是办不到的,而他仿制的巴格达电池既然能够发电,是否还可以说明古人确实已使用类似巴格达电池的工具,用电解法给雕像镀金呢?为了找到答案,他又用雕像做镀金试验。他将一个小雕像悬挂着浸没在金溶液里,然后用仿制的巴格达电池通电,两个多小时后,一个镀金像便出现在他的眼前。经过反复试验,他宣称,他已经证实了卡维尼格的论断。

美国科学家也模仿巴格达电池进行了一系列试验,他们也成功地从电池中获得了半伏特电压,而且持续工作18天之久。试验中他们使用了多种溶液,其中有葡萄糖、硫酸铜、亚硫酸和浓度5%的醋等等,而这些溶液早已为古人所使用。参加试验的科学家一致认为,在巴格达附近发现的陶制器皿、铁棒和铜管除了用于制作化学电池外,别无它用。

1938年,德国考古学家威廉·柯尼希在巴格达城郊进行考古挖掘时,发现了远古时代的一组伽伐尼电池。在距今2000年以前,人们究竟是如何制造出这组电池的呢?柯尼希发现的这组伽伐尼电池是铜外壳、铜蕊,它的外壳是借助铝和锡固定好的,这两种东西的比例,现代人还在广泛采用。这一令人惊讶的远古发明物,同卡维尼格的巴格达电池是否可以用于镀金?时至今日,卡维尼格的观点仍未得到考古学界的普遍认可,但是,在巴格达出土的这两种姊妹电池在远古确实存在。

埃及考古学家在埃及金字塔内发现一些远古时代的壁画,经鉴定,他们认为这些壁画是借助灯光画上去的。这就意味着古埃及人也使用过类似巴格达电池那样的化学电池,因为金字塔内没有发现使用火照明而必然留下的遗物,有可能是利用电池发出的光作画。

在2000多年前,埃及人和巴比伦人就能使用电池发电、镀金,这的确是超越那个时代的文明杰作。

迄今为止,巴格达电池虽然仍未被世界考古界承认,但这个科学之谜,仍不断吸引着世界考古学家、电气学家和化学家们进行探讨。随着人类在科学上的不断发现,这个重要的科学之谜一定会被揭开。

中国也建造过"金字塔"吗

西夏陵园是中国宁夏得天独厚的文化遗产,是西夏王朝的象征。如果将其复原,在景观和规模上,绝不比中原帝王陵园逊色。然而,我们今天所能看到的只是一派破败荒凉的景象,到处是残垣断壁,破碑败瓦。

来到陵区,遍地都是瓦砾,残壁断垣四处可见,可以感到整个神秘王国历史的荒凉。地表上道道沟坎纵横交错,这些不大深也不很宽的洪沟里,生长着北方所特有的酸枣树,树冠不大,但都有厚实油亮的绿叶,生命十分旺盛。它们像一条条绿色的丝带,疏密相间地交织在方圆50多平方千米的陵区,网着那一座座高大突兀的陵墓。

在西夏陵区,大大小小的陵墓约200多座,放眼望去,用黄土夯成的大小山包看不到边,这就是被中外游客惊叹的"东方金字塔"、"梦幻里的中国金字塔"。目前,西夏陵园内最为高大的建筑是一座残高23米的夯土堆,状如窝窝头。仔细观察,它的形制是八角,上有层层残瓦堆砌,达五层之多。有的专家推测,在它未破坏前是一座八角五层的实心密檐塔。对这种陵塔为什么建在陵园内,它起什么作用,很少有人能说得清楚。这座陵墓又为什么建在陵园的北角,学术界各执一词。

学术界比较多的一种说法是:高大的陵台摆放在西北端,主要是受党项人原始宗教思想支配所致。西夏人崇尚佛教,佛塔在陵园内不可缺少。既然佛塔是释迦牟尼埋骨藏灰之所,肉体凡胎就不能埋在塔中,以表示对佛的景仰。但现实生活中的皇帝,为万民的父母,是上天派遣下来管理老百姓的,是天子,把死后的先王埋在塔下也有不恭。西夏人作了两全齐美的处理,移陵台于侧,皇帝的遗体葬在佛塔的旁边,也正好在陵区的中轴线上,正好体现皇帝的权威。

△ 西夏王陵

另外，西夏陵区还出土了大量的文物。党项人是畜牧为主业的民族，他们在皇帝的陵墓中放入了羊、狗、铜牛、石马等家养动物仿制品。陵区内的一些石刻，无论是题材和雕刻手法，还是造型和艺术风格，都体现出丰富的内涵，它的厚重和力度、细腻和严谨，均可为游客提供一种美的享受。它的题材多样，有石望柱、石像生、碑刻、人像石座、石马、莲花柱础等。雕刻手法多样，既有圆雕，也有浮雕和线雕。石望柱为三面浮雕，两条蟠龙在云海中翻腾戏球，形象生动逼真；文臣像脸颊丰满，八字胡须，粗眉大眼，面部和善；白石马通体圆雕，垂头弯颈跪卧于地，体态雄健。出土的石像碑，獠牙外露，怒目圆睁，双乳丰腴，人形作跪状，有人说是碑座，有人说是祭床。

西夏王国不仅有雄伟高大的金字塔，还有一个和埃及金字塔旁边狮身人面像相媲美的精美石雕。1899年秋天，在西夏王陵考古史上规模最大的一次抢救性发掘中，一尊人面鸟身、双臂残缺的精美石雕像——迦陵频伽首次出土。考古专家认为，迦陵频伽可以与古埃及尼罗河畔狮身人面像、古希腊的残臂维纳斯相媲美。

迦陵频伽是佛教的神物,它在佛教史上享有崇高的地位,仅是在中国文献上的译名就有十几种:歌罗频伽、加兰伽、迦兰频伽、羯罗频伽、迦楞频伽、迦陵迦、迦尾罗等。相传它是一种长在雪山中的神鸟,能发出美妙声音。所以,汉文献中也有译为好音鸟或者妙音鸟。《慧苑音义》中还称之为美音鸟,说它在卵中即能鸣叫,其音和雅,听者无厌。《探玄记》中讲它在卵中未出,发音微妙,胜于其他鸟类。

公元811年,这种鸟还由中亚国家进贡给唐朝。由于它声音的特异,被佛教界神化成极乐世界的鸟,后来又把它变成了人身鸟形。它已不是鸟,而是神,是神鸟。大概是环境变化的原因,这种鸟绝迹了,而在喜爱美好事物的人们心中,它成了神奇的鸟,把它记入书里。但这种神鸟的真面目谁也没见过。

西夏王陵出土迦陵频伽,在世界范围内是独一无二的,具有重大的研究意义。王陵的神鸟石像,不是一次成形,而是采用分模合制的制法。其头部、面部的雕刻较细腻,达到了相当高的艺术水平。从迦陵频伽的鼻棱、眉弓等处特征看,中亚人头部造型十分明显,比敦煌泥塑具有更多的中亚和西方文化意味。

西夏陵毁于哪个朝代,又毁在何人之手?这是一桩值得搞清楚的疑案。

明代的地方志记载,在明代西夏王陵仅数冢巍然,已没有地面建筑。安塞王朱秩炅在凭吊遗址后写了一首名为《古冢谣》的诗:

贺兰山下古冢稠,高下有如浮水沤。

道逢古老向我告,云是昔年王如侯。

明朝的武英殿大学士、礼部尚书金幼孜在《出郊观猎至贺兰山》诗中也有"昔年僭伪俱尘土,犹有荒阡在目前"的浩叹,这些都是明代西夏陵区荒凉破败的现场写照,后人推测最有可能对西夏王陵大加洗劫的是蒙古军队,原因是:第一,成吉思汗对西夏的征服战争,从公元1205年开始到1227年西夏灭亡,先后进行了6次大规律的战争。其中1209年、1217年和1226~1227年的3次进攻,蒙古大军都进据贺兰山,包围了兴庆府。而在最后一次攻夏战争中，蒙古军队占据贺兰山东麓，前后有一年之久。蒙古军队在战争中带有疯狂的掠夺性，洗劫西夏王陵区的财宝是不可避免的。后来蒙古人打到江南，在绍兴就挖了南宋的帝陵，元军的江南释教总统杨琏洗劫财物后，还把南宋皇帝的头骨做酒杯，把杨琏的残暴和贪婪表现得淋漓尽致。蒙古大军久困兴庆府，是在他们横扫欧亚大陆的各次战争中遇到的最为顽强的抵抗，他们久攻不下，连成吉思汗也染病死在西夏前线，必然会拿在自己控制下的西夏祖坟出气开刀，以图打击西夏军民的士气。

第二，西夏王陵规模庞大，任何个人或者团伙要实施毁灭计划，既没有时间，也没有物力，只有蒙古军队具备这些条件。1987年，宁夏的考古工作者对3号陵东碑亭进行发掘，在碑亭的西、北两侧发现了5个大灶坑，灶口直径达118厘米，灶壁烧结层厚约10厘米左右，这表明曾经有大批人马在此驻扎了很长一段时间，而在附近的堆积物中还发现了陶瓷器皿、铜铁器具和棋盘、棋子等生活娱乐用品，这是与蒙古军队的驻守相吻合的。西夏王陵基本上就是毁在蒙古军队手里，时间在西夏灭亡前夕，而此时忽必烈还没有建立元朝，处在成吉思汗的蒙古汗国时期。

蒙古人毁坏西夏陵园后，迄至清末民初，小型的盗掘活动从来就没有停止过。至今在银川地区的老年人中还流传着一句谚语："吴王墓，金银两大窟。要得开，且待元人来。"西夏王陵在老百姓的心目中隐藏着数不清的金银珠宝，是发财的南山捷径，引诱人们干起盗墓的营生。像3号陵东碑亭遗址就多次被人盗掘，6号陵地宫有不同时期的盗洞。除当地居民外，一些外国人也纷纷关注西夏陵，民国八年秋天，3名日本人窜至贺兰山地区绘图照相；抗日战争时期，驻扎在包头的日军派遣军事人员乘飞机专门考察西夏陵，并航拍了照片。陵区的文物，包括西夏文碑残片等，通过盗掘和挟带，甚至可能流失到国外。

那些至今尚未被风沙自然填满而豁然裸露的大盗坑，似乎在永久地诉说西夏陵曾经经历过的大劫难。只有那巍然屹立的东方金字塔、形制独特的阙台等建筑物遗址依然在顽强地证明西夏陵昔日的富丽堂皇。

古罗马远征安息的大军流落何处

在现实生活中,一个人的失踪已经让人惊奇不已,如果6000余人集体神秘失踪,就更让人觉感到不可思义,然而,这样的事确确实实发生了。

公元前53年,古罗马"三头"之一的克拉苏率军远征安息(今伊朗),出师不利,兵败卡雷,克拉苏本人被杀。他的儿子普布利乌斯率领的第一军团6000余人拼死突围成功。但突围之后却杳无音信,罗马人几番寻找也找不到他们的影踪,他们去了哪里?

据《汉书·陈汤传》记载,公元前36年,北匈奴郅支单于攻占乌孙、大宛,威胁汉朝的西域地区。汉武帝派都护甘延寿和都护副校尉陈汤出兵至康居,剿灭郅支单于。汉军在康居见到一支奇特的军队,"土城外有重木城"拱卫,"步兵百余人,夹门鱼鳞阵,讲习用兵"。西汉军队把这支军队降服后,又将俘虏的士兵进行全部收编。后来,西汉政府又在祁连山下设立骊县,安顿了这批俘虏的士兵。

经过研究后,有些历史学家认为,只有古罗马军队采用构筑"重木城"防御工事和用圆形盾牌连成鱼鳞形状的防御阵形,所以这支军队可能就是卡雷战役中突围而出的普布利乌斯领导的罗马第一军团的残部。当年他们从卡雷突围之后,辗转各地,后来又突破安息东部防线,进入中亚,被郅支单于收编为雇佣军。在公元前36年西汉与郅支之战中被陈汤收降,带回中国。还有人推断,骊城旧址就在今甘肃省永昌县境内。

另外,一些史学家找到一张公元前9年绘制的地图,根据地图指示,确认骊县就是现在的焦家庄乡者来寨。但也有一些持不同意见的人否定这一推断。他们认为,"重木城"和"鱼鳞阵"并不是完全属于罗马人的军事艺术。在中国,编木或夯土为城古已有之,外城为郭、内城为城是中国古代通

△ 古罗马军团

制。而且,《左传》中记载,中国古代也曾使用"鱼鳞阵",当时其正式名称叫"鱼丽阵"。

因为在对骊古城遗址发掘过程中没有取得什么有价值的成果,所以人们推断骊古城可能早已深埋地下,成为地下之城了。

还有一些学者认为,即使当初罗马人的确曾到过此地,经过与当地居民2000多年的融合,面貌早已大大改变,不再具有当初的特征。

另外还有人认为,这个地区外来人口一直比较复杂,很难依据现在那些地区存在酷似欧洲人的居民这一事实判定罗马人后裔生活在这里。

俗话说:"人过留名,雁过留声。"这一支6000人的军队却无声无息地失踪了,他们到底去了哪里呢?不得而知。

人类未解之谜

秦国军队消失之谜

　　2000年前，秦始皇兵马俑军团原型的秦京师军（中央军），在秦末之乱的动荡历史中下落如何，他们到哪里去了？这个问题，不仅涉及到兵马俑军团的性质，也涉及到秦末整个帝国秦军的动向，甚至牵涉到秦帝国的灭亡、楚霸王项羽的失败和汉帝国的胜利等复杂的历史问题。据说：最后楚汉决胜垓下时斩杀项羽的5位骑兵将士，都是关中地区出身的秦人，也都是旧秦军的将士。更加意味深长的是，这5位将士的从起官职，即他们由秦军加入汉军时的官职，竟然都合于秦京师军的官职。

　　垓下之战，汉军60万，吕马童、杨喜、杨武、吕胜、王翳这五名骑士能够留下名字来，可以说是偶然中的偶然。不过，以十二万分之一的几率脱颖而出的5个人，却是百分之百的旧秦军的将士，而且官职都合于秦京师军的官职，就绝非偶然了。这5位骑士的身上，或许隐藏着秦京师军在秦末之乱中的踪迹，关于兵马俑军团去向的历史之谜也可能由此得到破译。

　　在秦末之乱中，秦京师军加入了汉军，其中的骑兵将士被编入了汉军的灌婴骑军。垓下之战后，灌婴骑军奉命追击，在乌江岸边斩杀项羽的5位骑士，都是原来秦京师军的骑兵将士，也就是秦兵马俑的原型。秦京师军在秦末战争后的去向，也就不言自明了。

一代宗师孔子出生之谜

中国封建社会绵延几千年,孔子作为儒家思想的创始人,受到历代统治者的加封,头衔众多,成为万世师表。

关于孔子的出生,现在的史书多是一笔带过,模糊不清。例如,范文澜先生所著《中国通史》第一册就有这样的记载:"孔子名丘,字仲尼,鲁国曲阜人。先世是宋国贵族,曾祖父逃难到鲁国。父叔梁纥,曾做鲁陬邑宰……孔子生于前552年,卒于前479年,年七十三岁。"其他的史书大致上也都是这样记载,包括翦伯赞

△ 孔子像

先生所著的《中国史纲要》,有的史书记载更少。综览各种史料,关于孔子出生的情况,学术界有以下三种观点:

第一,"野合"而生。司马迁《史记·孔子世家》记载说:"孔子生鲁昌平乡陬邑……伯夏生叔梁纥。纥与颜氏女野合而生孔子。""野合"一说是在野地里苟合,而唐朝人认为,"野合"之所以成立,是因为孔子之父叔梁纥年老而母亲颜征年少,故两人结合不合礼仪。司马贞《史记索引》就说:"今此云野合者,盖谓梁纥老而征年少,非当壮室初笄之礼,故云野合,谓不合礼仪。"

第二,祈祷而生。这种观点的神话色彩浓厚,说孔子的母亲在尼丘山和

他父亲一起祈祷,感动黑龙的精灵而怀上孔子。东汉郑玄《礼记·檀弓正义》引《论语撰考谶》说:"叔梁纥与征在祷尼丘山,感黑龙之精以生仲尼。"显然,这种说法非常荒谬,无非是儒学的后继者们为了神化孔子所作的附会之词,不足为据。

△ 孔庙

第三,梦生。这与上一种说法一样出于谶纬书中,带有明显荒诞的迷信色彩。因为如果不在出生问题上故弄玄虚,使之与凡人不同,以尊其为神,孔子就不能成为"圣人",他的观点主张又怎能为世人信奉呢?

第四,私生子。蔡尚思等所著《孔子思想体系》一书提出此说。该书详细列举了作者历年积累的资料,认为颜氏既然长期向孔子隐瞒其父的事情,说明颜家必定远离孔家,再加上孔子自称"吾少也贱"。这些无不证明颜氏家境贫寒,可能是奴隶或平民之女,与叔梁纥的身份截然不同。所以,该书认为,所谓"野合",实际上是老奴隶主叔梁纥在野外强暴颜氏而生孔子,即孔子是私生子。这一结论也重新解释了《史记》等书中所述的"野合"。

在这几种说法中,"祈祷而生"与"梦生"这两种说法固然不足为信,就"野合"这种说法而言,究竟该如何解释,也还没有定论。

卡纳克石柱阵之谜

公元8世纪在法国发现的卡纳克石柱阵是世界史前最庞大的石阵。

法国的石阵分布在布列塔尼半岛的卡纳克镇附近，平列成纵队，柱与柱之间相距数米。石柱由花岗岩加工而成，石面削磨平滑，呈棒槌状，柱底以天然砾石圈围垫固。

石阵的入口是花岗石板砌成的甬道，甬道尽处是座方形石座，四壁镌刻有模糊的花纹，既像人脸又似盾牌。据称这个甬道石室已有7000年的历史。

从这里顺着乡间小径前进，约行7千米便可看到一根巨大石柱的残骸，裂成四截倒卧在地。它原高20米，重达350吨，是欧洲已知最大的石柱，号称"神仙石"。

越过"神仙石"，便是连绵不绝的石柱阵。石阵成12行纵队，向东蜿蜒在高低起伏的山丘沼泽间，一直没入松林极目之处，长达4千米。石柱行列稍有弯曲，柱与柱之间距离不一。起点的石柱高约4米，最高7米，愈往东愈低愈小。这就是称为"勒芒奈克"的第一石阵。

走出松林，进入第二石阵，由一座古老的石磨坊作为分界线，站在磨坊顶可以望见两旁的石柱阵势。第二石阵叫做"克马里欧"，分成7行，总长5千米多。

走出第二石阵，便是称为"克列斯坎"的第三石阵。它分列13行，总长仅355米，石柱比前两阵排列得更为密集。

3个石阵共有石柱4000根左右，其中3000多根傲然耸立在大地上，真是天下一大奇观。

要揭开石柱阵的秘密，必先弄清是谁营造了石阵，还要了解那个年代的生活情景。石阵附近的文化遗址特别是古墓葬，为我们研究石柱阵的秘密提

△ 卡纳克石柱阵

供了许多可靠的间接物证。

　　1979～1984年，考古学家勒霍斯带队发掘卡纳克海滨格夫尔林尼岛上的一个甬道墓，发现此墓是个刻意经营的地下建筑，大理石块砌成的同心圆台宛如露天运动场的看台，墓壁上刻有精美的浮雕图案。根据鉴定，年代在公元前4000年以前。他们在20千米外发掘的另一古墓，墓内石雕也有类似的图案。

　　这座佚名甬道墓，如今已成为地下博物馆对外开放。新石器时代的石雕令人目不暇接。29块墓道壁石板有23块刻了图案，6000年前的无名大师镌刻下许多同心圆环、枞树、斧头、蛇、牧羊者手杖等图形，还有类似女神的人像。墓的内室顶板一方硕大的石板上，刻着一头长角牛的牛头及其前身，还有一把斧头的前半截。这方石板明显是人为截断的，那半截就装在20千米外那座古墓的内室。进行模拟衔接，果然珠联璧合，正是一方14米长的刻图石

△ 卡纳克石柱阵

板一分为二，总重量在60吨以上。为什么要将完整的石板截断，分装在相距20千米的两墓中，又用什么工具来运输30多吨重的石板？

史前卡纳克人假如有本领营造这么宏大的"地下殿堂"，那么自然也就有能力架设简单的"地面柱林"。

石柱阵和古墓葬所在地都没有岩石资源，所用石柱必须从三四千米外的岩山采取。而新石器时代人类最先进的搬运工具绳索、滚轴、杠杆、滑车，再利用土坡下滑，那么他们是怎样把这么重的岩石运过来的呢？

1979年，2000名志愿者在石阵附近的布冈地方，探索石柱和古墓石板的运送方法。他们模仿新石器时代的工具和方法，将绳索捆在一块32吨重的混凝土板块上，放在木滚轴上拖拽。这些人前拉后推，用尽全身气力，才在平地上移动了100米。

古人把那么多的巨石搬到卡纳克，凿平磨光，再把它竖立起来，组成石阵，或雕镂图案，构筑巨大墓穴，靠的什么"神"力？是什么鼓舞他们狂热地进行如此浩大的工程？英国著名考古学家哈丁翰如此评价道："卡纳克石柱群比金字塔更神秘，是考古学上历时最久而未被人类攻破的秘密。"

人类未解之谜

《蒙娜丽莎》的主人公是谁

世界名画《蒙娜丽莎》是艺术巨匠达·芬奇的传世之作。画中的女主人公，以她神秘的微笑，震慑了世人。这幅画现在价值连城，吸引着很多人的关注，其中当然有时刻想把它据为己有的人，当然，更多的还是热爱艺术、专心研究它的人们。对于后者来说，《蒙娜丽莎》中充满了许多待解之谜。

女主人公神秘的微笑就是其中的一个谜。每个人都能从这种微笑中感觉到什么，可是，又都难以用语言来表述他们各自的感觉。于是很多人把它当做一个课题来研究，有各种各样的观点不断提出来。这些观点对蒙娜丽莎的神秘微笑褒贬不一，有一种观点甚至认为：这种神秘的微笑是一个患有面部肌肉僵化病症的人的面部写照，真可以说是离奇至极。

△ 达·芬奇《蒙娜丽莎》

画中的主人公究竟是谁，也是一个一直争论不休的待解之谜。一般说法是：蒙娜丽莎是佛罗伦萨的一位平民，她的丈夫曾委托达·芬奇为她画了这幅肖像。

可是，人们后来在整理达·芬奇的遗物时，发现了他的两张自画像，有人注意到达·芬奇的自画像与画中的蒙娜丽莎神貌相合。人们把他的自画像和《蒙娜丽莎》叠放在一起，发现两幅画中人物的面部特征惊人地重合。于是，有人又提出达·芬奇是以自己为模特创作这幅名画的说法。

这十分令人费解，达·芬奇怎么会以自己为原型创作一幅女性肖像画呢？他不是那种崇拜女性的人，甚至从某种意义上说，他对女性有些鄙视。当然，他也有可能从宗教的含义出发，把自己画成了一位圣母。有很多人不赞同这种看法。

而《蒙娜丽莎》到底有几幅，则是一个争论最大的待解之谜。这当然指的是达·芬奇的原作，保存在巴黎卢浮宫中的《蒙娜丽莎》是无可非议的真迹。在本世纪初，它曾被盗失踪达2年之久，后来又被警方找回。经过有关专家多方鉴定，认定找回的就是原来的那幅真迹，它仍存在卢浮宫直到现在。

可是，人们在追踪过程中，看到了许多《蒙娜丽莎》的赝品，其中几幅真可以称得上是佳作，并能达到以假乱真的效果。而保存在美国新泽西州的那幅《蒙娜丽莎》几乎具有达·芬奇画作的全部特征。这使人们开始产生怀疑，《蒙娜丽莎》真的只有一幅吗，它会不会有姐妹作存在？有人对新泽西州那幅画作了科学分析，结果确认它确实出自于达·芬奇时代。于是，有很多人都相信这种说法：达·芬奇画了两幅《蒙娜丽莎》。画中人物是达·芬奇的一位朋友，最初是应她丈夫之约，为她画那幅肖像。若干年后，她本人又请达·芬奇再为她画一幅肖像画。于是，画像就在原画构图的基础上略加点缀，重画了一幅。第二幅就是收藏在新泽西的那一幅。

这种说法受到了一些人的激烈反对，特别是法国人反应最为强烈。他们指出，达·芬奇一生创作了为数不多的几幅油画，从来没有过重复自己作品的记录。而且，美国的那幅《蒙娜丽莎》是画在画布上的，达·芬奇从来没有在画布上作画的习惯。

各种说法都不是无懈可击，也都说服不了对方，《蒙娜丽莎》仍然充满了谜。

人类未解之谜

"琥珀屋"之谜

18世纪初,普鲁士国王鲁道夫,为了仿效法国皇帝路易十四的豪华奢侈生活,在柏林郊外波茨坦的王宫里建造了一间使国人引以自豪的"琥珀屋"。

"琥珀屋"庄严、俊美,面积约占55平方米。屋内板壁上全部用琥珀粘上,下面铺上银箔,整个室内闪烁着一种难以形容的美妙光辉。

1716年,彼得大帝亲自率领大臣来到柏林,受到普鲁士王国的隆重接待。为了向俄国示好,国王就将"琥珀屋"作为礼物赠给对方。彼得大帝一见,欣喜异常。原想把"琥珀屋"安置在作为行宫的"小冬宫"里,但没有来得及这样做就与世长辞了。这样,"琥珀屋"再次被人们遗忘。

此后过了20年,彼得大帝的女儿叶·彼得罗夫娜女皇忽然想起了这个房间,立即命人将它运到察里斯科。随后,用了一个月时间对"琥珀屋"进行了改造,改建工作相当出色,可说是巧夺天工,天衣无缝,女皇就将"琥珀屋"作为内阁议事室之用。

1942年夏天,纳粹特务机关按照上级的命令,将察里斯科的"琥珀屋"转移到了德国哥尼斯堡的琥珀博物馆。

1945年2月,苏军攻下哥尼斯堡后,由前苏联科学家、考古学家等组成的"琥珀屋"搜寻队曾对哥尼斯堡进行了大规模搜寻,但没有找到任何线索。

搜寻队在研究了大量的材料之后,发现罗德博士是个很关键的人物。因为他曾是哥尼斯堡美术馆馆长,同时还负责哥尼斯堡琥珀收藏品的管理工作。哥尼斯堡解放时,这个德国人没有逃走,而是留了下来。但不久,突然暴病而亡。

前民主德国有关方面曾收到一封来信,信中写道:"我的父亲曾是中央

△ 金璧辉煌的琥珀屋

国防军直属的特种部队的成员。1945年2月,哥尼斯堡失陷之后,父亲突然回到家里,我曾听他谈到'琥珀屋'和一些琥珀搜集品,还有军队的一些秘密文件都藏在第三地下室里。"1959年夏天,搜寻队和这位提供线索者一起在该市的某些建筑物、街道和广场等处寻找过第三地下室,但仍然毫无结果。

搜寻队认为,虽然"琥珀屋"的去向至今下落不明,但估计不会转移出哥尼斯堡。它也许就在这个发生巨变的城市的地下室里沉睡着,以期待有朝一日能够被人们意外地发现。

阿房宫为何取名阿房

传说,两千多年前,秦王嬴政修建过这样一组宫殿,它美丽、雄伟、气势恢宏、空前绝后……起名为阿房宫。

这座宫殿为何取名叫"阿房"?历代记载分歧,说法不一,主要有以下几种观点:

第一种观点认为:阿房一名是由于宫址靠近咸阳而得名的。"阿,近也,以其去咸阳近,且号阿房。"

第二种观点认为:《长安志》解释为"阿"是因宫殿与山相邻,未有名,先称在阿房。据《史记》记载,当年阿房宫开始修建时并没有起名字,所谓"阿房宫"只是一个指代,指的是"在房那个地方的宫殿"。

第三种观点认为:阿房一名是根据此宫"四阿旁广"的形状来命名的,阿,在古意中亦可解释为曲处、曲隅、庭之曲等。阿房宫"盘结旋绕、廊腰缦回、屈曲簇拥"的建筑结构就体现了这种"四阿房广"的风格和特点。正是由于阿房宫建筑的这种风格,在《史记·秦始皇本纪》索引中解释此宫为何称阿房宫时说:"此以其形命宫也,言其宫四阿旁广也。"

第四种观点认为:秦王嬴政爱上过一个美丽的民间女子,芳名阿房,但这段美丽的爱情终究没有美丽的结局,为了纪念这位他深爱过的女子,因而起名阿房宫。

第五种观点认为:因为上宫宫殿高峻,若于阿上为房。这一观点出自《汉书·贾山传》,传中的注释曰:"阿者,大陵也,取名阿房,是言其高若干阿上为房。"这就是说,阿房宫是由于宫殿建筑在大陵上而取名。这种说法虽已得到了今人的证实,但"阿房"的叫法是否由此而来人们却不得而知。

△ 阿房宫复原建筑

可以说，以上几种观点都是论有所据，言之成理。因此，在没有发现更新的确实有说服力的材料以前，很难断定孰是孰非。

那么，这两个字又应该怎么念呢？在电视或广播中，我们有时能听到"阿房宫"的各种读法，一直以来，阿房宫的读法与其名字的来历一样，其争议从未统一过。

第一种观点认为，阿房宫读"ē páng gōng"，"阿"（ē）在古代指的是山脚下那些弯弯曲曲的地方，而"房"是个通假字，是旁边的"旁"，应该读"páng"，即是指：山旁边的宫殿。

第二种观点认为，阿房宫应读"ē fang gōng"，《现代汉语规范词典》（2004年1月版）正是持此观点。

第二种观点认为，阿房宫应读"ā fang gōng"。在陕西话发音中"阿"（a）字释义为"那个"，"房"（fáng）为陕西的一个地名。

对于这座千古留名的著名宫殿当时究竟为何取名"阿房"，其中有何真正含义至今只能说仍是个没有定论的历史之谜。

战争是古格王朝消失的真正原因吗

古格王国遗址位于西藏地区，距阿里的札达县城3～4千米处，位于象泉河南岸的泽布兰村附近的一座黄土山上。现存的古格王国遗址，依山叠砌，由下而上，高约300米，占地面积100万平方米。遗址东北侧屹立着7个土砌碉堡，还有3座10米高的佛塔；山坡上，蜂房似的密布着800多孔洞窟；中间有数幢红墙白壁的建筑，那是完好无损的庙宇，约有300余间房子；遗址的西面是悬崖，有的地方筑有内外3道围墙，墙上有垛口等防御设施，与建筑群内部四通八达的地道相连。

除此之外，还发现有大量的岩画、壁画、武器、生活用具、佛教精品等，都展现了高超的艺术水准和制作工艺。从这些发现中我们可以想见，这个原始而古老的高原王国，当年曾经是多么光辉灿烂和繁荣昌盛。

但是，这样一个拥有如此灿烂文明的王国，为什么会在一夜之间突然消失呢，而且还消失得那么彻底呢？今天，我们只能从它残留的故城和斑驳的壁画中窥视到古格文明的一角，这个谜驱使着人们去发现，去试图揭开她神秘消失的真正原因。

说到此，不得不提起古格国一座石楼的遗址：石楼建在古格遗址的半山腰上，由石头砌成，约十几米高，是一座没有修完的建筑。这些遗址的发现为古格的灭亡提供了一些线索，史学家推测，古格的灭亡应该与战争有关。

据史学家推测在1630年前后，与古格同宗的西部临族拉达克人发动了入侵战争，结束了古格王国的历史。

当时，古格王的弟弟勾结拉达克王室，利用拉达克的军队攻打古格都城，企图推翻古格王朝，于是策划了一场残酷的战争。古格王的弟弟作为内应引导拉达克的军队包围了古格王宫。古格王率领部下誓死抵抗，最终被困

△ 古格王国遗址

于古格王宫内。王宫建在一座山上，一方面象征着国王至高无上的权力，一方面也是为了防守。整个王宫只有一条隧道可以通到山上，其他地方都是悬崖。

拉达克为了取得这场战争的最终胜利，便决定在王宫周围修建一座石头楼，以便攻下古格王宫。我们今天看到了的未完工的石楼大概正是这一用途，那么，这个重要的建筑为什么没有完成呢？对此没有确切的历史资料供今人考证，但在民间却流传着这样一个故事：

拉达克在战争中俘虏了许多古格百姓，他们从百姓中挑选出壮丁，强迫他们夜以继日地修石楼。有些百姓不从，就被拉达克人所杀，还有些人被累死。古格国王心疼自己的百姓，于是做出了投降的决定。

据《中国反对外国侵略干涉西藏地方斗争史》及《早期传教士进藏活动史》中的记载，古格的最后一个国王及全家被拉达克人拉回拉达克都城列城，关进了监狱。可想而知，国王最后的下场十分悲惨。那么，古格老百姓的结局又是怎样呢，他们最终成为了入侵者的刀下之鬼，还是成了新国王的臣民，古格国的消亡是不是就是这场战争的最终结果？

说到此，就不得不说说那像谜一般的"无头藏尸洞"。

洞窟遗址约在距地表近3米高的山沟崖壁上。无头藏尸洞的洞口很小，高约120厘米，宽只有80厘米左右，里面的面积不到20平方米。这一遗址发现时，里面有30多具尸体，且都是没有颅骨的无头尸，更为奇怪的是，洞里竟然看不到一具头颅和头骨的痕迹，只有一些发辫和绑扎着的发束。如果说，这些尸体是在战争中被杀的大臣，那么为何去掉头颅？如果是百姓，为何只选了在这个狭小的地方"藏"下30余人？

从考古学与民俗学的角度分析，似乎这又是一种有一定仪礼的葬式。如此说来，无头藏尸洞会中的尸体会不会是国王或是权贵的人殉？一些专家提出了另一种观点：古格的灭亡更可能的原因是环境恶化造成的。札达县的地理环境恶劣，现在的象泉河也不是当年的象泉河了，此地的沙漠化程度十分严重，只剩下了一点点土林和戈壁，这种地貌形态的变化，或许正是古格消失的真正原因。

现在的古格王朝遗址被众土林环抱其中，远远望去，很难分辨出哪里是城堡哪里是土林。加之散布在荒原大漠中的断壁残垣、坍毁的洞穴、倾圮的佛塔，使古城在朝霞初起或夜幕降临时，透射出一种残缺、悲壮、凄凉之美。这样一个曾经有过700年灿烂历史，经历过16位世袭国王的王国神秘地退出了历史的舞台，留给人们的除了这些断壁残垣，就只剩下深深的遗憾了。

罗马人为何爱好观看角斗士表演

角斗士表演是古罗马人所酷爱的一项娱乐活动。这是一种野蛮残酷的血腥娱乐。奴隶主驱使受过专门训练的角斗士,手持剑、匕首和三叉干,在角斗场上互相拼死格斗,或者强迫角斗士与饥饿的猛兽厮杀,以博得观众的愉悦。古罗马人为什么爱好观看这种极其残忍的娱乐?各种解释说法不一。

第一种说法:有的学者认为,角斗与祭祀和宗教活动有关。古罗马人相信死者可以用血来赎罪,因而在葬礼上人们要杀战俘和奴隶祭祀祖先。古罗马历史上记载的第一次角斗是在公元前264年,罗马贵族马可·白鲁斯特和狄西墨·白鲁斯特兄弟在父亲的葬礼上,让3对角斗士相互厮杀以作纪念。公元前65年,恺撒为父亲举行葬礼,用了640名角斗士表演,还让他们与猛兽搏斗。由此看来,古罗马人举行角斗与追念先祖有关。

第二种说法:有学者强调角斗与政治活动有关。有野心的贵族以举办角斗讨好罗马平民,争取更多的人支持他们。如在庞培古城遗址有一个广告上写道:"营造使策列阿家的角斗士定于5月31日在庞培城举行角斗,届时并表演斗兽。"贵族们相互竞争以赢得声望和政治资本,每一次表演都是贵族们"炫耀社会地位的大屠杀"。

第三种说法:角斗的盛行与古罗马人尚武斗勇的风气有关。古罗马人长时期内一直致力于对外扩张。古罗马帝国时期曾经有过200年的和平。为了在和平时期保持罗马人的尚武精神和战斗传统,就要制造人为的战争作为公共娱乐培养嗜血的风气,这就是在古罗马角斗盛行的原因。

古罗马人为何爱好观看角斗士表演的原因,到目前还没有一个统一的说法。

秦始皇的父亲到底是谁

秦始皇是中国古代帝王中名气最大的皇帝，他统一了中原诸国，是秦王朝的开国皇帝，后人称之为"千秋一帝"。始皇姓嬴，名政，史书记载为秦庄襄王之子。

也有人说，秦始皇是当时的大商人吕不韦之子，这又是为何？

据《史记》记载，吕不韦原为当时的大商人，子楚在赵国做人质时，吕不韦钻了秦国宫廷的大空子。吕不韦与子楚密谋，由吕上下活动，竭力促成子楚成为秦国的太子。他还将自己的妾——歌舞女赵姬送与子楚为妻。

△ 秦始皇像

一些史料有记载，吕不韦将赵姬送给子楚时已怀有身孕，如此说来赵姬所生下来名为嬴政的孩子应为吕不韦之子。

但据《史记》记载，（赵姬）至大期时，生子政。期，古音为ji，即一周年。就是说子楚娶了赵姬一年后，赵姬才生嬴政。十月怀胎，一朝分娩，这样的话，嬴政应为子楚之子，无可争议。

《史记》虽然具有文学色彩，但它并不移花接木，而且，并没有什么强有力的论据可以推翻司马迁的说法。所以，秦始皇是谁的儿子，这段个人隐私，终成为一段千古之谜，至今无人能解，也只得继续引发后人的无限遐想和猜疑了。

 # 秦始皇是暴病而死，还是被人谋杀

秦始皇之死，《史记·秦始皇本纪》有明确记载：

始皇第5次出巡行至平原津时，身染重病，勉强抵达沙丘平台时崩。发病的原因是秦始皇纵欲过度，体弱多病，加上出巡期间旅途劳累，以致一病不起。

秦始皇丧事的处理非同寻常。据《史记》记载，丞相李斯恐天下有变，秘不发丧，置棺木于辒凉车中，让亲信宦官守护。每到一处，按例进膳。百官奏事，也由宦者在车内应答。时值酷暑，又用车载上一石鲍鱼，来混淆尸

△ 秦始皇陵

体的臭味。直到进入咸阳，才正式发丧。这种种做法，无疑使秦始皇之死，蒙上一层神秘的色彩。

很多人对秦始皇之死提出了疑问：第一，秦始皇并不像历史上有些封建帝王那样体弱多病，相反，他的身体一向健壮；

△ 秦始皇兵马俑

第二，即使他在平原津得病，还能口授诏书给公子扶苏，说明他当时思维清晰如故，无致命急病。

另一种说法是，根据种种迹象推测，宦官赵高弑君的可能性很大。

首先，赵高与蒙恬、蒙毅兄弟有宿怨。据说，赵高曾犯大罪，蒙毅以法治之，判其死刑，后因秦始皇过问，方得赦免。当时，蒙恬威震匈奴，蒙毅位至上卿，一为武将任外事，一为文臣主内谋，不仅深得始皇信任，还为公子扶苏所倚重。一旦扶苏即位，蒙氏兄弟的地位必将更加巩固。

因此，赵高为了保全自己，便设计阻止扶苏即位。他首先投靠秦始皇最宠爱的第18子胡亥，以胡亥来对抗扶苏。接着他又勾结丞相李斯，两人设下了阴谋，改了诏书，改立胡亥为王。

秦始皇之死，疑云重重，正如《史记·李斯列传》载赵高对胡亥说的"沙丘之谋，诸公子及大臣皆疑焉"。从情理上分析，赵高弑君的嫌疑是很大的，但事情毕竟发生在两千多年前，秦始皇究竟是得暴病而死，还是遭他人谋杀，仍难以确定，因此至今还是一个谜。

成吉思汗猝死六盘山之谜

成吉思汗是个有雄才大略的人。

本来，成吉思汗被金封为百夫长，但他从没有真正听过金朝的命令，相反，因为蒙古人长期受到金朝的欺侮，成吉思汗一直想找机会攻打金朝。

公元1208年，完颜永济当了金朝皇帝。第二年，他派使臣去见成吉思汗，宣布新皇帝即位，要成吉思汗跪拜。成吉思汗问："谁当了金朝皇帝？"金使说："卫绍王完颜永济。"成吉思汗听了，朝南边吐了一口唾沫，说："中原皇帝是天上人做的，完颜永济这种平庸懦弱的人也配做吗？怎么能给他下拜呢？"说完，跨上马就往北方去了。完颜永济非常生气，准备在成吉思汗下次送贡品时杀掉他，成吉思汗知道后，马上与金朝断绝了关系，准备与金打仗。

△ 成吉思汗像

公元1211年，成吉思汗出兵攻打金国，几年之中，蒙古军队先后攻占了河北、山西、辽西、辽东的大多数州、县，掠走了许多人口、牲畜和财物。公元1215年2月，蒙古军队攻占了金国首都中都（现在的北京）。公元1217年，为了攻打西辽和花剌子模，成吉思汗封木华黎为亲王，专门攻打金国。成吉思汗在西征结束以后，又要攻打金国。但是打金国就得首先攻打西夏，成吉思汗西征时要求西夏派兵，可是西夏不但不派兵，而且还与金结成联盟，一致与蒙古作对。公元1226年，成吉思汗亲率十万大军进攻西夏。成吉思汗派使者去见西夏国王赵德旺，要他投降。赵德旺吓得直哆嗦，连话都不敢说。西夏大将阿沙敢钵非常生气，说："要打仗，我在贺兰山下等着；要金银财宝嘛，请他来问问我的宝刀答应不答应！"于是，成吉思汗派兵前进，阿沙敢钵果然在贺兰山下等着蒙古兵的到来。两军大战一场，结果蒙古兵取得了胜利，并乘胜追击，一直追到灵州。在灵州，又发生了一场激烈的战斗。西夏军队英勇抵抗，但他们还是打不过蒙古骑兵，大部分被蒙古兵杀死。从此，西夏国再也没有什么力量了。

公元1227年正月，蒙古军队包围了西夏都城中兴府（现在的银川）。6月，成吉思汗到六盘山去避暑。正在这时候，中兴府发生了强烈地震，房屋倒塌，瘟疫流行，粮食断绝，西夏国真是到了山穷水尽的地步。西夏新国王赵日见不得不向成吉思汗投降，但是要求推迟一个月时间，他说："为了准备贡品和安置灾民，请给我一个月时间，到时候，我亲自拜见你。"

西夏投降后，成吉思汗病倒在六盘山：一是因为当时天气特别热；二是因为成吉思汗年纪大了，体力不如从前，经不起连年作战的劳累。成吉思汗的病情一天比一天严重，眼看活不了多久，他就开始考虑两件大事：一是把帝位传给谁；二是教他们如何治理国家，完成自己的事业。于是，他把窝阔台、拖雷和其他儿子们叫到自己的身边，对他们说："我眼看就要死了。你们当中要有一个人来继承我的汗位，保护我们的国家，完成我的事业。你们一定要互相谦让，如果你们人人都想当大汗，我就不知道怎么办好。"

窝阔台等跪在地上说："我们愿听父王的话，父王吩咐我们怎么做，我们就怎么做。"

成吉思汗又说："我将立窝阔台为大汗，因为他雄才大略，足智多谋，你们其他人比不上他，只有他才能够统帅全国军队，保卫我们的国土，只有他才能使你们过上幸福的生活，享受荣华富贵。如果你们同意，就要当着我的面立下文书：承认窝阔台为汗，听他的命令，不许改变在我面前答应的事，也不许违反我的法令。"

成吉思汗的儿子们立刻立下了由窝阔台继承大汗位的文书。处理完了汗位继承问题后，成吉思汗又考虑如何治理国家的事，因为最大的敌人金朝

△ 成吉思汗陵

还没有灭亡。他对他的儿子们和大将们说:"金朝的精兵都在潼关,潼关地势险要,易守难攻,你们不要从这个地方去进攻。宋朝和金是世世代代的仇人,你们要联合宋朝,借道从宋朝出发,直捣开封,那样一定能取得胜利。"后来,窝阔台按照这个方略,终于在公元1234年消灭金国。

另外,成吉思汗害怕西夏知道自己死了,会拒绝投降,就命令他的将领们不要让西夏人知道,等西夏王赵日见来朝拜时,杀掉他,并杀掉中兴府里所有的人。后来这些都按成吉思汗的计划实行了。

公元1227年8月25日,成吉思汗病死在六盘山,终年66岁。

成吉思汗是蒙古人的英雄,他使蒙古摆脱了金国的奴役,并统一了蒙古。他还是一个伟大的征服者,为日后的蒙古帝国打下了基础。但他也干过一些坏事,杀害了许多无辜的老百姓,破坏了大片先进地区的经济和文化。

人类未解之谜

努尔哈赤死因之谜

努尔哈赤是中国历史上最后一个封建王朝的奠基人,但关于他的死因一直没有定论。到底是被袁崇焕的炮火所伤,还是因为身患毒疽,不治身亡?

1626年,68岁的努尔哈赤亲率6万大军(号称14万)南征,一路势如破竹,不战而得8座城池,很快兵临宁远城下。明朝宁远城守将袁崇焕严词拒绝努尔哈赤的招降,亲率兵民万人顽强守城。他们在宁远城上架设了11门红衣大炮(本为红夷大炮,因清朝以少数民族入主中原,忌讳"夷"字,故称红衣大炮),随时准备迎接来犯之敌。

△ 努尔哈赤像

这种红衣大炮的威力非常大,为英国制造的早期加农炮,炮身长、管壁厚、射程远、威力大,特别是对密集骑兵具有强大杀伤力,是当时世界上最先进的火炮。

红衣大炮在宁远之战中确实发挥了极大威力。据史料记载,后金军队的攻城行动在明军猛烈炮火的攻击下严重受挫。宁远城下,八旗官兵血肉横飞,尸积如山。在攻城的第三日,后金军队便撤兵而去。

在威力极大的西洋火炮猛烈攻击的情况下,作为后金大军统帅而亲临城

△ 宁远古城明军火炮

下督战的努尔哈赤有没有受伤呢？对此，明朝和后金的史书中均无明确记载。据朝鲜人李星龄的著作中记载，朝鲜译官韩瑗随使团来明时，碰巧与袁崇焕相见，袁很喜欢他，宁远之战时曾把他带在身边，于是韩瑗得以亲眼目击这次战役的全过程。宁远战事结束后，袁崇焕曾经派遣使臣带着礼物前往后金营寨向努尔哈赤"致歉"（实为冷言讥讽），说："老将（指努尔哈赤）横行天下久矣，今日见败于小子（指袁崇焕），岂其数耶！"努尔哈赤"先已重伤"，这时备好礼物和名马回谢，请求约定再战的日期，最后终于"因懑恚而毙"。

明朝兵部尚书王永光奏称，在宁远之战中，明朝军队前后伤敌数千，内有头目数人，"酋子"一人。蓟辽经略高第则奏报，在后金军队攻城时，明朝军队曾炮毙一个"大头目"，敌人用红布将这个人包裹起来抬走了，还一边走一边放声大哭。明人张岱在其著作中记载，红夷大炮打死敌人不计其数，还击中了"黄龙幕"，伤一"裨王"。敌军认为出师不利，用皮革裹着尸体，一路号哭着撤退了。上述史料中提到的"酋子"、"大头目"、"裨王"很可能是努尔哈赤本人。

然而清代官书提及努尔哈赤之死时，都说他是得病而死，至于得的是什么病，则往往讳莫如深。可能的解释是，努尔哈赤在宁远攻城战中中炮受伤，随后又受了袁崇焕这个"小子"的冷言讥讽，回到沈阳后一直耿耿于怀，怒火中烧，导致伤口恶化，后来前往清河洗汤浴，致使伤口进一步恶化，终患并发症而死。炮伤是努尔哈赤致死的最重要原因。大清一代开国君主葬身西洋大炮之下，为固军心，隐瞒、迟报主将伤亡乃古今中外

兵法惯伎。

但这种说法也有不少疑点。

既然朝鲜译官韩瑗都知道努尔哈赤"先已重伤",那么守卫宁远的最高统帅袁崇焕就应更加清楚,何况袁崇焕还曾派遣使臣前往后金营中察看过呢。如果努尔哈赤确实身负"重伤",这当然是袁崇焕的特大功劳,也是明军的重大胜利,不仅袁崇焕本人,而且朝廷上下、文武百官都将对此事大书特书,以便激励军民的士气。但是,无论是袁崇焕本人报告宁远大捷的奏折,还是朝廷表彰袁崇焕的圣旨抑或朝臣祝贺袁崇焕宁远大捷的奏章,其中都只字不提努尔哈赤受伤之事。

努尔哈赤战败于宁远是1626年正月,至8月20日死,其间8个多月。从大量史料记载来看,在这8个多月中,努尔哈赤并没有去治病,而是"整修舟车,试演火器",并且到"远边射猎,挑选披甲",积极准备再进攻宁远,以复前仇。4月,亲率大军,征蒙古喀尔喀,"进略西拉木轮,获其牲畜"。5月,毛文龙进攻鞍山,后方吃紧,这才回师沈阳。6月,蒙古科尔沁部的鄂巴洪台吉来朝,他亲自"出郭迎十里",全不像"重伤"之人。

努尔哈赤在宁远之战中有没有身受"重伤",是不是"懑恚而毙",很值得怀疑。因此还有一种说法认为,努尔哈赤回到沈阳以后:一则由于宁远兵败,赫赫有名的沙场老将败在初历战阵的青年将领手中,精神上受到很大的创伤,整日心情郁忿;二则因为年迈体衰,长期驰骋疆场,鞍马劳累,积劳成疾。

同年7月中,努尔哈赤身患毒疽,并非炮伤,23日往清河汤泉疗养。8月7日,他的病情突然加重。11日,便乘船顺太子河而下,转入浑河时,与前来迎接的太妃纳喇氏相见后,行至离沈阳40里的鸡堡死去。

至于努尔哈赤到底是因何致死,有待于进一步考证。

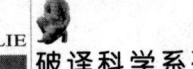

多尔衮叛逆案之谜

实际上创建了大清帝国的多尔衮，为何一夜之间，被焚骨扬灰，成了罪恶滔滔的罪人？100年后，乾隆帝为何为他重新作出评价，清洗多尔衮被"诬为叛逆"的冤案？

崇德八年（1643年）八月初九，皇太极突然驾崩。满洲的贵族王公迅速地分成两党，参与争夺新的皇帝宝座：一方以睿亲王多尔衮为首领，他是努尔哈赤的第十四子，皇太极的弟弟，主要军事势力为正白、镶白旗，成员有多尔衮的同母兄弟英王阿济格及豫王多铎等人；另一方的首领则是肃亲王豪格，他是皇太极的长子，掌握正黄、镶黄两旗的军事实力，同党诸王有索尼、鳌拜等人，在人心所向及军事实力方面占压倒优势。还有德高望重的礼亲王代善及资历很深的郑亲王济尔哈朗，他们都是没有争位之心的中间势力。索尼等人提出要立豪格为新皇帝，发誓死生一处。豪格托人拜访尚在摇摆的济尔哈朗，说："两旗大臣决定立我为君，需要你发话支持！"济尔哈朗当即表示："我也是这个意思，但要与九王（多尔衮）商议。"代善老谋深算，默不作声。阿济格则向多尔衮下跪说："你应该马上登临皇帝大位。"足智多谋的多尔衮长于审时度势，没有立即应允。

皇太极死后第4天，多尔衮召集诸王大臣在沈阳的崇政殿议立新君。当天黎明，皇太极当年统帅的两旗大臣在大清门盟誓，派精锐护军包围宫殿，如遇情势变化，准备立即动手。宫内气氛紧张，多尔衮向索尼征询嗣君人选，索尼非常干脆地说："先帝有皇子在，必须立其中的一个，其他我就不知道了！"礼亲王代善突然举荐豪格说："先帝的长子，理当继承大统。"济尔哈朗赞成代善的提议。一介勇夫豪格想起他父亲皇太极登基时的往事，表演我辞众劝的把戏，谦让推辞说："我福小德薄，不能担此重任。"多尔衮随机应变，马上抢过话题说："诸位王爷说得都有道理，但虎口王（豪格）情愿退出，没有继承大统的心愿。"阿济格、多铎一看时机已到，马上进言："请睿亲王登临帝位。"代善一看情势不好，接着说："睿王要是答应接任帝位，那是我们国家的大福，要不就该拥立皇子。"代善话中的重心是要拥立皇子，但两白旗的王爷一见代善不再坚持拥立豪格，马上附和："肃王当位，我们这班人就没法活了！"多铎也乘机提出："立我也行，要不请礼亲王承继大统。"多尔衮还是希望自己掌权，便否定了多铎自立的建议。这时代善说："我已是白发苍苍，哪有这番心思。"

△ 皇太极像

说着退出议事厅。在这关键时刻，皇太极的心腹将领们佩剑闯进议事大厅，向着多尔衮嚷道："我们这班人，吃的是先帝的饭，穿的是先帝的衣，养育之恩与天同大，要是不让先帝之子承继大业，我们宁愿跟着先帝一起走！"以命相拼，剑拔弩张，随时有血流成河的可能。多尔衮权衡得失，采取稳定局势、分步揽权的策略：排斥豪格，自掌实权，找个陪衬。他向诸位王爷宣布说："立先帝的第九子（福临）为嗣君，我与右真王（济尔哈朗）分掌兵力，左右辅政，（福临）年长之后，当即归政。"福临为孝庄皇后所生，当时只有6岁。这虽是个折中方案，但多尔衮实际掌握朝政大权，而双方再也没有理由兴起大浪。

立福临做皇帝已成定议，这时代善的次子硕托（贝子）、孙子阿达礼（郡王）看出多尔衮想当皇帝，自己想找个靠山，就到睿王府拜访多尔衮。多尔衮假装拒绝，暗地里仍在窥视代善的动向。硕托带着侄子阿达礼去见父亲代善，提出请睿王"正大位"。代善听后十分生气，骂声"畜生自招灾祸"，立即将自己的两个骨肉交给多尔衮，要求以叛逆论处。多尔衮一见自立皇帝已不可能，不如乘此让反对派吃个定心丸。在事发的当天，立即将这两个多事的王爷送往法司，以"扰政乱国"的罪名双双缢杀，连阿达礼的母亲及硕托的妻子也被绞死。杀戮拥护者，细细琢磨其中的奥妙，幕后大有文章。从代善来说，表明他对皇太极的忠诚，也披露了他反对多尔衮自立为帝的心扉。从多尔衮的角度思索，既可以理解为用人家的鲜血染红自己的顶子，即牺牲小卒保住自己辅政的位置，也可以看成是对礼亲王代善的穿心箭矢，因为他在关键时刻支持豪格，没有拥护自己登上皇帝的宝座。

拥立小皇帝的风波平息之后，多尔衮很快成为掌握朝政实权的叔父摄政王，以后又加皇叔父摄政王，一直到自称皇父摄政王。

谁也没有想到，这位唯我独尊的摄政王，最终落得个戮尸问罪的下场。

顺治七年11月，多尔衮出猎古北口外。行猎时坠马跌伤，医治不得要领，12月初九死于喀喇城，享年39岁。灵柩运回北京，顺治帝追尊他为义皇帝，庙号成宗。多尔衮的葬礼依照皇帝的规格举行，埋葬在北京东直门外（今新中街三条3号附近）。

政治舞台的幕后，隐藏的是鲜血淋漓的残杀。以权力争夺为中心内容的宫廷矛盾，沉寂数年之后，又以多尔衮之死为突破口，犹如火山一样爆发出来。

多尔衮弥留之际，他的同胞兄长阿济格当时在他身边，两人有过密谈。多尔衮刚一断气，阿济格立即派自己统帅的300骑兵飞驰北京，颇像发动军事政变的动作。大学士刚林身为多尔衮的心腹，洞悉此中底细，立即上马飞奔进京，布置关闭城门，通知诸王做好防变准备。顺治帝听从王爷们的建议，将300飞骑收容在押，诛杀殆尽。阿济格随多尔衮的灵柩进京时，立即成了囚犯，被送入监牢幽禁。他在监狱中企图举火，被赐令自尽。这个举动剪除了多尔衮的嫡派势力，清算多尔衮也从此开始。

顺治八年正月，多尔衮的贴身侍卫苏克萨哈向顺治皇帝递上一封检举信，揭发多尔衮生前曾与党羽密谋，企图率两白旗移驻永平（今河北卢龙县），"阴谋篡夺"，又说他偷偷地制成了皇帝登基的龙袍。

只有13岁的顺治皇帝第一次亲理朝政。他召集王爷大臣密议，公布郑亲王济尔哈朗等的奏折，历数多尔衮的罪状，主要是"显有悖逆之心"。少年天子福临向诸位王爷宣告说："多尔衮谋逆都是事实。"多尔衮被撤去帝号，他的母亲及妻子的封典全都被削夺了。

当时在北京的意大利传教士卫匡国在《鞑靼战纪》中记载说："顺治帝福临命令毁掉阿玛王（多尔衮）华丽的陵墓，他们把尸体挖出来，用棍子打，又用鞭子抽，最后砍掉脑袋，暴尸示众，他的雄伟壮丽的陵墓化为

△ 多尔衮像

尘土。"1943年夏天，盗墓者曾将多尔衮陵墓的正坟挖开，只见地宫中摆放着一只三尺多高的蓝花坛子，里面放着两节木炭。当时看管墓地的汪士全向盗墓者解释说："九王爷身后被论罪，其中的金银都被掘去，据说坟地遭过九索（挖抄九次）。坛子是骨灰罐，是一个虚惊位（象征性的尸棺）。"

福临对多尔衮是仇恨的，其中有多种原因。

多尔衮暂时没当皇帝只是策略而已，这对小皇帝是个寝食不安的威胁。顺治五年11月，他凭借自己的权力，加皇叔父摄政王为皇父摄政王，用皇帝的口气批文降旨。当时人写的《汤若望传》说："他穿的是皇帝的服装。"顺治七年7月25日，他操纵追封自己的生母、努尔哈赤的大妃纳喇氏为太皇太后，他自己完全以皇帝的面目出现。顺治十二年，福临对诸王大臣回忆当时的事说："那时默尔根王摄政，朕只是拱手做点祭祀的事，凡是国家的大事，朕都不能参与，也没有人向朕报告。"多尔衮一旦机会得手，会亲自登上皇帝宝座，没有任何理由排除这种可能。

逮杀豪格后强占他的妻子，是多尔衮引起福临愤怒的一个焦点。顺治元

△ 孝庄文皇后

年四月，以往支持豪格的正黄旗头子何洛会，向多尔衮告发豪格图谋不轨，说豪格后悔当初在继位大事上有失谋算。其中有一句侵犯多尔衮的话说："我豪格恨不得扯撕他们的脖子。"多尔衮以"诸将请杀虎口王（豪格）"为理由，企图谋杀豪格，由于他的同胞弟弟顺治小皇帝哭泣不食，才得以免死。顺治五年，反对豪格的人建议将豪格处死，多尔衮假装说："如此处分，实在不忍！"便将豪格幽禁起来，等于判了无期徒刑。数月后，豪格就不明不白地死在了狱中。顺治七年正月，多尔衮强迫豪格的福晋（妻子）博尔济锦氏做自己的妃子，又害怕此事贻笑后人，秘密布置大学士刚林在史档中不要留下任何痕迹。

娶皇嫂孝庄皇后，是福临痛恨多尔衮的难言之隐。孝庄皇后是皇太极的妃子、顺治皇帝的生母，蒙古人，姓博尔济吉特氏，名叫布木布泰。

多尔衮是个好色之徒，他一共娶了多少个王妃妻妾，没有史籍能够说得清楚。他的原配福晋博尔济锦氏刚刚去世，很快就强占侄儿豪格之妻为妾，后来屡在朝鲜境内选美，又在八旗区域搜娇，至于汉家女子更是任他随意糟蹋。他不放过寡居深宫的皇嫂孝庄太后，便是情理之中的事了。

乾隆四十三年，弘历阅看实录，以为多尔衮"定国开基，以成一统之业，厥功最著"，明示平反昭雪，还其原爵，成为清代八家铁帽子王之一。从清廷爱新觉罗氏家族看，多尔衮是大清帝国的实际创建者，乾隆帝为他重新作出评价，是一件非常正常的事。但乾隆多心，为避免日后惹起宫廷是非，上谕中说："为后世征信计，将从前关于此事之上谕，均不得载入国史。"于是有关多尔衮的档案概行销毁，以致《八旗通志》中的多尔衮传，

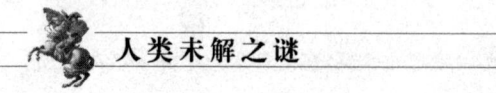

记他死后的事也只寥寥数笔，后人很难弄清多尔衮死后遭到清算之事的本来面目。

多尔衮得祸的原因，史书归罪为他想当皇帝。乾隆帝以为，这是"诬为叛逆"。他明白，中国历史上那些当了皇帝的人，包括他的父亲雍正帝在内，在他们没有当皇帝之前，有谁没有想当皇帝的念头和动作？想当皇帝的人，为什么当了皇帝就没有罪，没有当上皇帝就有罪呢？问题就在于做皇帝的怎样对待反对派。多尔衮"初称摄政，次称皇父，继而称圣旨"，他拥有至高无上的权力，是没有称号的皇帝。但多尔衮"无成谋，拥戴者骎骎，骑虎难下"。这是说，多尔衮不是毁于政敌，而是拥戴者拍马招摇所致。当年审问多尔衮心腹刚林的档案中说："刚林昼夜不断往默尔根王处阿谀逢迎。"多尔衮死后，他在以往的一片"皇父之恩浩荡"的呼声中败下阵来。对于反对派，如果多尔衮能像李世民收用魏征那样，那就称得上胸有成竹了。或者退一步说，他生前能在反对派的挑剔监视下，严于律己，谨慎从事，与朝廷大臣之间的距离不要拉得太远，反对他的人就不会那样蜂拥而上，以至于让他死无葬身之地，造成全局的败亡。

孙中山遗体到底葬在何处

孙中山先生逝世后,先在中央公园举行公祭,尔后遗体停放在北京香山碧云寺。在这期间,遗体历经风险,以致传出多种不同的说法:张作霖派人焚烧了孙中山遗体;棺柩烧坏了一角,遗体变色,不得不进行土葬;孙中山遗体在新中国成立前早已被蒋介石运到了台湾等。

实际上,孙中山先生的遗体在协和医院进行防腐处理之后,于1925年3月19日移至中央社稷坛大殿安放,以作公祭。在奉移时,没有用杠夫,而是由当时在京的孙中山亲属和国民党中央主要负责人孙科、宋子文、孔祥熙、汪精卫、于右任、张继、陈树人等,分组轮流举运。

△ 孙中山像

中央公园(现中山公园),是明清两代帝王祭祀祈祷丰年的场所。当时,作为一代伟人的公祭场地,进行了大规模的搭建。在公园大门、社稷坛石门和拜殿门口都搭建了素雅的三彩牌楼,并适当地配有彩绸彩球。灵凳内停放着孙中山先生的灵柩,柩盖上覆以青天白日旗,柩前悬挂着孙中山先生的大幅遗像。上端悬匾"有志竟成",两旁挂联为:"革命尚未成功,同志仍须努力。"

公祭的礼仪之隆重,影响之深远,在民国以来都是绝无仅有的。

中央公园公祭之后，孙中山先生的遗体暂安放于香山碧云寺的金刚宝塔内，待南京中山陵完工后，再正式奉安。

4月2日，北京城各机关、团体、学校、铺户、住户均挂半旗致哀。上午8时起，北京西长安街至中央公园门口、天安门一带，由治丧处分段分片地插上了白旗，作为各机关、团体、学校送殡人员集合的标志。政府派出的陆、海军护灵仪仗队、北平警察保安队，先后按次序排列整齐，北京大学学生组成的花圈队则在公园南门"公理战胜"牌坊集合，人各手持花圈一个，等候起灵。

殡列行进时，孙夫人宋庆龄在灵车后边乘坐第一辆双马驾辕的黑车，车顶上扎着黑彩球。其他送殡官员的女眷所乘的四轮马车车顶上，一律扎白彩球。

殡列经西长安街、西单牌楼、西四牌楼等街道时，市民们均不约而同地肃立在便道上，主动脱帽，行注目礼。城中礼炮哀鸣，一派肃穆，三架飞机绕空护送。在行进中，群众高呼口号："孙中山先生主义万岁！""反对帝国主义！""打倒军阀！"场面十分悲壮。

下午4时25分，灵柩抵达香山碧云寺，山门外有香山慈幼院男、女学生千余人，他们均身穿青制服，手执素花束，列队迎灵。因香山碧云寺坐落在山上，为使孙中山先生灵车能够平稳地运上去，事先顺着山道台阶用木板搭成长坡，当灵车到碧云寺后，由执绋的人们挽曳而上，很平稳地将灵车运至碧云寺金刚宝塔前。

4时30分，在庄严的哀乐声中，孙中山先生的灵柩被安放于金刚宝塔内。

孙中山先生遗体暂居北京西山碧云寺，是等待南京中山陵竣工后再奉移。但不想孙中山遗体在碧云寺暂放期间，竟多次遭到奉系军阀势力的威胁。

第二次直奉战争奉军战胜后，即以武力为后盾，再次插手北京政权。张作霖进入北京后的第二天，即与冯玉祥举段祺瑞为"中华民国临时执政"。

当时，北京处于奉系军阀的控制下，国民党的势力远在南方的广东，碧云寺守护孙中山灵的只有几名卫士。

张作霖的奉军入京后，胡作非为，常有士兵在西山恣意捣乱。

1926年4月，一群奉军士兵来到碧云寺闲游，看见灵堂中悬挂着孙中山遗像，一个奉军士兵问守灵卫士："这像上是什么人？"

卫士回答说："是中华民国首任总统孙中山先生。"

这个士兵听后，眼睛一瞪，竟张口大骂"什么总统"，随后拔出手枪就想对孙中山的遗像开枪。

守灵卫士见状，赶忙上去好言相劝，奉军中一些明白事理的士兵也力加劝阻，那士兵才收起枪来作罢。

当时负责守护西山灵堂的副官黄惠龙，担心奉军还会来闹事，便命令卫士们把灵堂的铁门关闭，守灵卫士身穿便衣守在碧云寺金刚塔内，在暗中守护灵柩。后来黄惠龙调走，李荣接任守灵处主任，风声更紧。那时，北伐战争已经开始，吴佩孚、孙传芳等直系军阀被彻底打垮，奉军也被北伐军打得落花流水。

但一波未平，一波又起。1927年9月18日，奉系军阀张宗昌到北京开会，竟然提出：南军总是打胜仗，是因为孙中山先生停灵的地方风水太好，要求毁掉孙中山遗体以绝后患。

绿林出身的张作霖也是一个极迷信风水的人，他与张宗昌一拍即合，幸亏杨宇霆从旁劝止，才暂时作罢。杨宇霆在政界有"小诸葛"之称，在奉系军阀集团中是一位炙手可热的显赫人物。

在张宗昌提议毁掉孙中山遗体时，少帅张学良也在北京。他听说了这件事后非常气愤。张学良对孙中山十分尊敬，他当面警告张宗昌不准胡来，还通知警察厅加强防范。张学良还致电南京政府，要求将孙中山遗体运回南京，并表示他可以护送到天津。但在当时南北战争的情况下，移灵南京很不安全，也不可能。

正是由于孙中山遗体处于险境，特别是在报纸上刊出关于孙中山遗体的谣传后，社会上的闲言碎语越来越多：有人说，张作霖派人去烧孙中山遗体，幸亏张学良骑马赶到，才得以制止此事；有人说，棺柩被烧毁了一角，遗体开始变色，在这种情况下，只有将孙中山遗体土葬了。

人类未解之谜

△ 中山陵

然而，事实究竟如何呢？当时，北京的报纸上纷纷谣传土匪将要烧毁孙中山遗体，守灵处主任李荣为此十分担心。他曾想托人南下报告，但又觉得南京政府鞭长莫及，帮不了忙。这时他想到了为孙中山治病的协和医院，因为协和医院是一家美国人办的医院，他想借外国势力来保护遗体。于是，李荣亲自到协和医院去找院长刘瑞恒，请协和医院以孙中山遗体有变，需运回医院治理为名，暂时予以保护。不料刘瑞恒胆小怕事，不敢负责，李荣哀求几次，刘瑞恒就是不答应。

在走投无路的情况下，李荣只好决定把孙中山先生遗体转移到山洞里。他向协和医院的潘医生要了一些防腐药水，又从中法中学取回了孙中山最初曾用的一具美式小棺，于1927年11月25日深夜两点半，召集全体守灵卫士把孙中山遗体从楠木大棺中取出，用药棉裹好，然后移入美式小棺中，放置于水泉山洞里藏了起来。

1928年4月，南京政府发动二次北伐。6月4日，张作霖的奉军退出北京，接着，国民党的军队就进入北京。6月7日夜里，守灵卫士把孙中山遗体从水泉山洞取回，重新换入大棺放回碧云寺灵堂中。

孙中山遗体虽然经过几番波折，但并未损坏。1928年12月23日，南京国民政府特派林森、郑洪年、吴铁城等迎榇专员抵北京西山碧云寺谒灵，由守灵卫士开启棺盖，目睹孙中山"容貌清洁，毫未改动"。直到1929年5月31日封棺前，中外各界人士曾有不少人瞻仰了孙中山遗容，也都没有发现遗体有丝毫损坏的迹象。

有人说因为遗体损坏了，所以才决定改为土葬。实际上，早在1925年8月，葬事筹备处向美商订购的铜棺就运到上海，宋庆龄看了以后很满意，当时就已经决定土葬，两年以后才发生遗体经历风险的事，可见不存在所谓遗体遭损坏改土葬的事。

1929年春，南京紫金山中山陵园落成。5月22日，在碧云寺举行了遗体改殓仪式。改殓前协和医院史蒂芬医生在孙中山遗体上遍洒贵重的防腐药物，头发上施以特制发膏，梳理整齐，又在遗容上擦上特制的橄榄油。随后，宋庆龄、孙科、陈淑英、戴恩赛、林森等将遗体从楠木棺中抬起，更换殓衣。先将孙中山周身裹上白绸，外穿蓝色缎袍，套上黑马褂，戴上白手套，脚穿丝袜、云头朝日鞋，头戴大礼帽。随后，孙中山遗体奉移到美式铜棺中。当时《申报》载，孙中山"面目如生前静睡一般"。

5月26日，北平30万人衔哀恭送孙中山先生灵榇南下，至南京紫金山中山陵安葬。在封棺时，宋庆龄凝视遗容许久之后，才将棺顶盖上，并与家人将铜棺上的螺丝钉拧紧，在棺上覆上党旗、国旗，三鞠躬礼成，封棺完毕。6月1日，在中山陵举行奉安大典，孙中山灵榇安置墓穴正中后，宋庆龄亲手将墓门"敬谨严扃"。

后来，侵华日军攻破上海、苏州两道防线，蒋介石曾想把孙中山先生的遗体带到重庆去。当时设计陵墓的工程师认为陵墓比较坚固，再移灵怕损坏灵柩和遗体，致使移灵之事没能如愿。

孙中山先生遗体自从入葬中山陵以后，几十年来，始终没有动过。孙中山生前的贴身卫士范良在遗体安葬后长期守陵。1949年2月，范良被任命为总理陵墓代理拱卫处长，负责警卫工作。国民党撤离南京前夕，林森到中山陵对范良说："总理遗体不能移动，你们要保护好总理陵墓。"80名卫士都在"与陵墓共存亡"的誓言书上签了字。

蒋介石在离开南京时，并没有来过问中山陵之事。孙科在离宁前曾来谒陵，范良请示他："共产党军队渡江后，我们应采取什么态度？"孙科说："毛泽东、周恩来对孙总理是很尊敬的，你认识周先生吧！你不要跑开，他们是不会为难你的。"范良又问："武器怎么办？"孙科说："枪可以交掉。"于是，范良根据他的指示，动员拱卫处人员不要离开。范良对他们说："我们是奉命守陵和看护陵园的建筑和林木的，大家先把枪支弹药集中起来。"以后，范良担心守陵部队与解放军发生武装冲突，在解放军尚未进城前，就命令大家徒手站岗，武器全部入库存放。

4月24日清晨，解放军的刘志诚团政委率领一个营战士来到中山陵与范良谈判，范良即主动把守护中山陵的情况向他作了汇报，并把枪支弹药造册交给了他。从此，中山陵全部完好无损地回到人民的手中。南京解放后，范良及其卫队曾和解放军一道站岗护陵，范良一直守卫在孙中山先生的身边。

抗日英雄赵尚志的头颅在何处

赵尚志为东北地区早期抗日战争作出了巨大贡献。建国后，为了永远纪念这位传奇般的英雄，珠河县改为尚志县，哈尔滨市新城大街改为尚志大街，并建立了赵尚志烈士纪念碑、赵尚志纪念馆。

多年以后，在哈尔滨的档案馆里发现了一张十分珍贵的照片。据赵尚志生前的战友辨认，照片上坐在前排的就是赵尚志。这张照片是巴彦抗日游击队指挥部领导同志在攻占巴彦县城胜利后的合影，赵尚志照这张照片时应该只有20多岁，但那时他已经是巴彦抗日游击队的政委了。

赵尚志曾化名为李育才，由于他个子矮，人们都称呼他为"小李先生"。"小李先生"一生传奇，后人却不知其容貌，只能靠一张并不准确的画像来纪念这位英雄。这张照片的发现，让人们再次回忆起那段历史和赵尚志将军拼战沙场的英勇。1940年，正是东北地区对敌斗争最艰苦的岁月。赵尚志毅然率百余名抗联战士涉过黑龙江回到北满的林海雪原。最先发现赵尚志踪迹的是鹤立县兴山镇警察署特务主任东城政雄和警署署长田井久二郎。田井久二郎和东城政雄首先密派一个代号"07"的日本特务，伪装成支持抗联的地下工作者，化名张玉清，打入了赵尚志队伍的内部。"张玉清"不断为抗联提供给养和递送情报，很快就取得了赵尚志的信任。1942年2月初，急于打开局面的赵尚志轻信了"张玉清"提供的梧桐河警力空虚，日本警察多已撤退到鹤立县城的假情报，决定夜袭梧桐河警务所，从而误入了敌人设下的圈套。

2月12日深夜，当赵尚志率部潜入梧桐河时，中了埋伏。经过激烈战斗，次日天明，赵尚志含恨而死，时年34岁。17日，伪"三江省"得到伪满军政部尽快将赵尚志遗体运往长春的密令。但由于赵尚志的遗体出现了解冻开化

△ 坐在中间手持马鞭者为时任巴彦抗日游击队政治委员的20多岁的赵尚志

的迹象，伪满军政部决定只将赵尚志的头颅运到长春。田井和东城政雄等人将赵尚志的头颅用钢锯锯下，然后派人在松花江冰面上凿了个一米见方的冰窟窿，将赵的遗体投进松花江中。但是，赵尚志的头颅在运到长春后下落不明。

1948年3月初，我地下党在国民党占领的长春医学院发现了3个大玻璃瓶子，其中有抗联将领杨靖宇、陈翰章的头颅和抗联战士常基隆的心脏，赵尚志的头颅仍无下落。建国以后，吉林和黑龙江两省的党史研究部门和文物管理所一直都在努力寻找赵尚志将军的头颅，均一无所获。

1989年冬天，事情有了转机。从事战争史研究的日本女学者山崎枝子（林郁），从日本东京飞到了黑龙江省佳木斯，亲自去梧桐河查看了赵尚志牺牲的地方。山崎枝子了解到，赵尚志将军在梧桐河殉国后的第二年，打入我抗联部队中的特务"张玉清"因药物过敏死亡；另一个参与杀害赵尚志的凶手、伪满梧桐河警务所所长李树森，也已在1950年的镇压反革命斗争中被罗北县人民法院判处死刑。上述两人死前都不曾对赵尚志头颅的下落有任何交代。至于直接策划杀害赵尚志将军的日本特务、原兴山警务署署长田井久二郎和特务主任东城政雄，已于1963年被中国政府特赦送回日本。

山崎枝子回到日本后，很快就见到了当时75岁的东城政雄。东城政雄告诉山崎枝子：赵尚志将军的头颅是他和田井从冰封雪裹的佳木斯，乘一架日本战斗机运往长春的。当时佳木斯的气温在零下40摄氏度，飞机起飞前，赵尚志的头颅冰冻着被放进一只特制的小木匣里，由东城政雄和两个伪警察护送。飞机在长春大房身机场降落时，东城政雄发现赵尚志冰冻着的头颅开始解冻。赵尚志牺牲时怒目圆睁，被割下头颅后，眼睛依然怒目而视。可是，飞到长春以后，烈士的眼睛已经闭上了。送到伪满军政部后，由于室内温度更高，没有进行防腐处理的头颅已经有血水渗出。

3天后，当伪满军政大臣于芷山和一群日本军官亲自查验赵尚志头颅的时候，头颅已经散发出变质的气味。所以，于芷山经请示关东军总司令部，决定将将军的头颅焚烧灭迹。就在准备焚烧时，一位僧人及时赶到了。他的名字叫炎虚，是长春市般若寺的住持，当年在伪满新京德高望重。当时日本关东军总司令梅津美治郎信奉佛教，多次去般若寺拜见过这位僧人。此次，炎虚法师听说为抗日捐躯的赵尚志将军的头颅将被焚毁，便亲自出面请求将赵尚志的这颗头颅掩埋在般若寺内。关东军最高司令官居然答应了炎虚法师的要求。

了解此事后，长春市委党史研究室的同志，曾多次去保存地般若寺寻找赵尚志头颅的掩埋之地。但是，炎虚法师早已作古，其他僧人均不知此事详情。赵尚志将军头颅的下落从此成了人们心中的一个谜。

庄妃下嫁之谜

孝庄皇后，姓博尔济吉特，名布木布泰，野史中称其为大玉儿。公元1613年3月28日出生在蒙古科尔沁贵族世家。科尔沁蒙古较早就归附了后金，并通过联姻的形式巩固双方的政治联盟关系。

孝庄的姑姑在1614年就嫁给皇太极为正福晋。公元1625年，13岁的孝庄嫁给了皇太极为侧福晋。在公元1634年，已继承汗位的皇太极又娶了她的姐姐海兰珠，于是姑姑与侄女三人同事一夫。然而在野史的演绎中大玉儿心中爱的却是皇太极的弟弟多尔衮，他们相识在茫茫的草原，并将这纯真的爱情留在了两人骑马飞驰的美好时光中。

据说，在孝庄童年的一天，满洲的贝勒皇太极带着弟弟多尔衮来到

△ **孝庄文皇后**

了草原，当时皇太极的妻子孝端文皇后就是孝庄的姑姑。此次草原之行，皇太极是为了看望岳丈，同时也为了加强与蒙古的联系。谁知在茫茫的草原之上，两小无猜的孝庄与皇十四子多尔衮之间却产生了情比金坚的爱情。两人共同漫步在夕阳余晖下，策马奔腾在天地间，并且对着敖包互许终身。

然而造化弄人，为了蒙古与满洲联姻的政治需要，孝庄在哥哥的陪伴下被送到了满洲，只不过她要嫁的人不是朝思暮想的多尔衮，而是一代帝王——皇太极。当多尔衮得知自己心爱的女人变成了自己的嫂子，顿时失魂落魄却又无可奈何。但是，多尔衮很快平静下来。他决心不断壮大自己的力量，使大玉儿回到自己的身边。这样的信念不仅仅造就了孝庄与多尔衮生死之恋的传奇，也酝酿出了摄政王多尔衮掌控大清权势的局面。在后世感叹两人感情痴迷的同时，我们不禁会问，孝庄和多尔衮的生死恋情是真实的存在，还是稗官野史的流言传奇？纵观史料的记载，两人的恋情确实充满了疑点：

其一，孝庄和多尔衮一见钟情事情发生的可能性较小。因为孝庄生活在科尔沁，而多尔衮远在建州女真，两人相隔数百里，在交通不发达的过去，相见一面是件很困难的事情。

其二，据推测，孝庄和多尔衮的第一次见面应该是在皇太极和孝庄姑姑的婚礼上。而当时，孝庄2岁，多尔衮3岁。而当多尔衮再次见到孝庄的时候，她已经12岁，并将成为皇太极的侧福晋。

其三，孝庄皇后出生在科尔沁部落，对她而言爱情都是一件奢侈品。蒙古族曾经是个战无不胜的民族，但当蒙古帝国衰落之后，蒙古分化成为漠南、漠北和漠西三大块。孝庄所在的科尔沁部落是在漠南东边的一个分支。科尔沁部落不善打仗，偏偏强邻又多，于是，依附于建州女真的满蒙联姻就成为了维系部落生存的途径之一。可以说，科尔沁部落的每个女人都是带着这样的目的出嫁的，孝庄也不能例外。

所以，对于只见过两三次的孝庄和多尔衮而言，偶尔相识并一见钟情，且终身情系对方的美好情节也许只存在于后世的传说演绎之中。

如果说孝庄皇后和多尔衮的生死之恋仅仅存在于后世演绎之中的话，那么，孝庄皇后在公元1648年下嫁多尔衮则成为了中国历史上的一大疑案，并成为了研究清朝历史的学者争论的焦点之一。赞同"太后下嫁"的学者认为：

嫂嫁小叔的满族婚俗。在清王朝刚入关之际，汉族文化与纲常礼教对清

人类未解之谜

朝皇室贵族的影响与束缚还是比较微弱的,一些在东北时的旧婚姻风俗依然保存,如嫂嫁小叔、兄纳弟妇等。虽然从汉族的传统纲常礼教的角度来看,这样的婚俗是一种不可理解,甚至有乱伦之嫌的陋俗。

其实,在中国历史上,有一些少数民族曾广泛流行着"转房婚"。西夏的一代君王李元昊就把自己的儿媳妇据为己有;而据《金史》称,女真有"妇女寡居,宗族接续之;父死,则妻其母;兄死,则妻其嫂;叔伯死,则侄也如此"的旧俗,故"无论贵贱,人有数妻"。所以在清初"转房婚"的风俗还是普遍存在。

△ 年轻时的孝庄皇后

庄妃13岁嫁给皇太极,号称满蒙第一美女,且聪慧能干、知书达理,所以受宠多年。在皇太极去世时,庄妃也只有31岁,虽被尊为太后,但仍具备当年的华彩,异常美丽。此时,多尔衮掌握着大清的权杖,权倾一时,"出入宫禁,时与嫂侄居处,如家人父子"。而孝庄时当盛年,寡居无欢,所以孝庄皇后下嫁小叔多尔衮也在情理之中。甚至有野史小说宣称,早在皇太极在世时,庄妃已与多尔衮两情相悦、暗度陈仓了。根据金庸先生的小说,皇太极之死也和两人的情事有关。皇太极在没有一统江山的时候就去世了,关于他的死始终是一个谜,但种种传说都是与情有关。一说是思念一个过世的皇妃,某日,端坐于龙床之上,无疾而终。还有更为香艳和诡异的说法是孝庄皇后与多尔衮有奸情,被皇太极发现,于是多尔衮刺杀了皇太极。

保全皇位的政治婚姻。有历史学家分析清初皇室斗争和政局后认为,孝庄皇后下嫁多尔衮是出于维持政局稳定以及保全顺治帝皇位的目的。

多尔衮,太祖努尔哈赤的第14个儿子,太宗皇太极的弟弟。多尔衮相貌很像父亲，且作战勇敢，很快以其卓越的战功、出众的才干得到了太祖的喜爱。据说，努尔哈赤曾有意将自己的汗位传给多尔衮。但是在公元1626年努尔哈赤去世时，多尔衮的母亲阿巴亥被逼殉死，当时多尔衮未满15岁，没有能力争夺王位。在皇太极主政期间，多尔衮凭借才干的出众、战功的卓越以及对皇帝耿耿的忠心，被封为睿亲王。

皇太极去世后，大清宫廷再次出现皇位之争：一方是手握重兵，拥有两白旗支持的多尔衮；一方是由两黄旗支持的皇太极的长子——肃亲王豪格，双方的斗争十分激烈。作为爱新觉罗家族的一员，孝庄明白内乱会造成什么危害，同时她也清楚，要使双方的对立缓和，只有异中求同。一方面使双方的要求都能得到部分满足，一方面又要使多尔衮的权力欲望不致落空，解决这个问题的唯一办法是扶立幼主。于是孝庄皇后施展手腕，笼络多尔衮，使多尔衮采纳了她的方案。最后，手握重兵的多尔衮提出由皇太极第九子、庄妃所生年仅6岁的福临为顺治皇帝，由他与郑亲王共同辅政，作为双方暂时的妥协。多尔衮在顺治帝继位后，权倾朝野。顺治帝的皇位其实是岌岌可危，极不稳固的。在这种形势下，孝庄皇后为了巩固其子顺治帝的皇位，笼络并牵制多尔衮，按满族婚俗下嫁。

虽然从正史中难以发现"太后下嫁"的痕迹，但是清代很多野史中都有对此事的记载。

清故宫收藏的顺治朝的"批红"题本及蒋良骐的《东华录》卷6上记载，顺治五年（公元1648年），孝庄和多尔衮结婚，多尔衮由"皇叔父摄政王"改称"皇父摄政王"，并"亲到皇宫内院""自称皇父"。公元1650年12月，多尔衮出猎，死于喀喇城，被追尊为"诚敬义皇帝"，用皇帝丧仪。这些史料明显是说太后下嫁了。

刘文兴为《皇父摄政王起居注》一书所撰写的跋谓："清李宣统初元，内阁库垣圮。时家君（刘启瑞）方任阁读，奉朝命捡库藏。既得顺治时太后下嫁于父摄政王诏，遂以闻于朝。"这也可算是太后下嫁的有力佐证。

当时在江南抵抗清军的南明著名将领张煌言写了首《健夷宫词》："上寿觞为合卺尊，慈宁宫里烂盈门。春宫昨进新仪注，大礼恭逢太后婚。"这首诗的意思是说，慈宁宫里张灯结彩喜气洋洋。昨天礼部呈进了预先拟定的礼仪格式，因为正遇上太后结婚典礼。张煌言作诗时间大概是顺治六七年间，当时清宫的太后有两位，一位是正宫孝端文皇后，当时年近50，不可能嫁给30多岁的多尔衮，另一位就是孝庄文皇后，她小多尔衮两岁，因此诗中所指的太后下嫁，只能是孝庄。

朝鲜的《俸朝实录·仁祖》中对此事也有记载，公元1649年2月，清曾派遣使臣去朝鲜递交国书，朝鲜国王李㤸看见书中称多尔衮为"皇父摄政王"，便问："清国咨文中，有'皇父'摄政王之语，此何举措？"清朝来使答曰："今则去叔字，朝贺之事，与皇帝一体云。"右议政郑太和说："虽无此语，似是已为太上矣。"国王李㤸也说："然则二帝矣。"清廷使臣回答朝鲜官员的话含糊其辞，躲躲闪闪，而朝鲜君臣显然也看出了其中的奥妙，即太后已下嫁。

孝庄未与皇太极合葬。在北京东北方向大约120千米的马兰峪，群山环绕，苍松掩映，这里就是清东陵，分别安葬着顺治、康熙、乾隆、咸丰、同治5位皇帝以及他们的后妃。清东陵周围有一道长达20千米的"风水墙"，它将这150个陵墓紧紧地围了起来，给人一种生死相依的感觉。然而，坐落于昌瑞山下的昭西陵，却孤立于风水墙之外，仿佛陵墓的主人曾经做错了什么事，被拒绝在家门之外，却又恋恋不舍地守护着家园，显得凄凉而又无奈。昭西陵规格甚高，彰显出陵墓主人身份之尊贵。这里就是孝庄的陵墓，她在公元1687年去世。按清制，孝庄应归葬到沈阳皇太极的昭陵旁，但她何以孤零零地葬在"风水墙"外？难道是因为曾经下嫁多尔衮再同皇太极合葬便不合情理的原因。

而认为"太后下嫁"纯属后世演绎的学者理由也相当充分：

虽然当时是清朝初期，但满族人受汉人文化影响很深，一些基本的等级和伦理观念还应该具备。而按照当时的礼仪风俗，当了皇后是不能再嫁的。如果孝庄再嫁，则后来被尊称为"太皇太后"是不可能的。

另外，正史中没有记载此事，所谓的正史指的是《清史·孝庄皇后传》。而传言孝庄再嫁的多是野史和文学作品，多有戏说和虚构的成分，历

△ 清东陵

史可信度没有正史高。蒋良骐《东华录》所记与张煌言的诗，不能作为"太后下嫁"的确证。所谓"皇父"是君主对某个臣下的尊称。多尔衮有拥立顺治之功，且平定天下，问鼎中原，封多尔衮为"皇叔父"是表彰其定鼎之功勋卓著，以"皇父"为封表示再无可封之爵。而"皇父摄政王"可以直译为"汗（君）的叔父父王"。所谓多尔衮"亲到皇宫内院"则指他曾淫乱宫廷，而非指与太后大婚。

张煌言是抗清名将，后来兵败被俘被杀害，他的许多诗文都是表明反清复明的志向。他的诗指的也许是公元1650年正月，多尔衮娶了其侄媳肃亲王豪格之妻，其也姓博尔济吉特氏，与两宫皇太后同姓。据此，以讹传讹，张煌言听说后，就信手将其写入诗中，借以讥讽清宫没有伦理道德，也未可知，所以他所写的《健夷宫词》，不能作为太后下嫁的有力证据。

而孝庄未能同皇太极合葬，是康熙遵从了她的旨意将其安置在了昭西陵。公元1687年12月，孝庄病重时嘱咐康熙："太宗文皇帝梓宫，安奉已久，不可为我轻动。况我心恋汝皇父及汝，不忍远去，务于孝陵近地择吉安厝，则我心无憾矣。"意思即太宗陵安奉已久，不可为她轻动，况且她心中也舍不得康熙父子，就将她在康熙父亲的孝陵附近择地安葬吧。为了遵从祖母的遗嘱，康熙帝将孝庄生前居住的慈宁宫东王殿五间拆建于昌瑞山下，称"暂安奉殿"，停灵其中。

　　直至公元1725年，才在"暂安奉殿"原处就地起建陵园，葬入地宫。因其陵在盛京太宗皇太极昭陵之西，故称"昭西陵"。昭西陵与昭陵遥相呼应，该陵建于风水墙外不过是因地制宜、顺理成章之事，毫无贬抑之意。

　　孝庄皇太后与摄政王多尔衮之间到底发生了什么，爱情或是阴谋？关于两人情感的疑案，虽然没有有力的历史证据，但是作为人们的茶余谈资，或是文学作品的绝佳素材，它还会一直流传下去，就像是大漠孤烟中的蓝天白云，草色青青，骏马飞奔，何处是尽头……

纪晓岚与乾隆、和珅的关系

在民间的传说中,纪晓岚与乾隆帝是充满信任、调侃与和谐的君臣关系。特别是在荧屏的演绎中,纪晓岚、和珅和乾隆帝三个人是亦庄亦谐,纪晓岚与和珅更是一对嬉笑怒骂的"欢喜冤家"。那么历史中他们三人的真实关系又是怎样的呢?

爱新觉罗·弘历,也就是历史上赫赫有名的乾隆帝,在他60年的统治中,缔造了中国封建王朝的最后一个盛世。纪晓岚在乾隆所控制的官僚体系中究竟处于何种地位呢?在野史中,和珅、纪晓岚和刘墉合称乾隆朝"三大中堂"。其实,纪晓岚和刘墉一生并未进入军机处,所以根本不可能成为中堂。在纪晓岚的官宦生涯中,曾任翰林院编修、日讲起居注、侍读左庶子、侍读学士、内阁学士、总理中书科事务、兵部侍郎、都察院左都御史、兵部尚书、礼部尚书、协办大学士等官,在别人的眼中或许是官运亨通,其实这些官位在大清朝廷中基本上都是一些既无重权也无实权的摆设而已。

那么在乾隆心中,才华横溢的纪晓岚到底处于什么地位呢?我们通过以下事件可以窥见一斑。

一次,内阁学士尹壮图在朝堂上慷慨陈词,称各省督抚"声名狼藉,吏治废弛。我经过各省地方,问起官吏的好坏,人们都皱眉叹息,各省风气大抵皆然"。本来是有利于整顿朝廷腐败之风的良言,到了乾隆那里却成了挑衅圣威的忤逆之语。原来,在乾隆统治后期,年事已高的他是很难听进去逆耳忠言的。结果尹壮图欲被处死。由于尹壮图之父尹松林与纪晓岚为同年进士,所以纪晓岚打算为尹壮图求情。没想到乾隆勃然大怒,并骂道:"朕以你文学优长,故使领四库书,实不过以倡优蓄之,尔何妄谈国事?"

原来,在皇帝的心中,在专制的皇权面前,纪晓岚只不过是一个靠文词解皇帝烦闷的戏子之辈。这和1800多年前为李陵说了几句公道话而遭受宫刑的司马迁何其相似。司马迁曾言："文史星历，近乎卜祝之间，固主上所戏弄，倡优蓄之，流俗之所轻也。"我们不禁要问，为何满腹才学的纪晓岚得不到皇帝的重用呢？

首先，纪晓岚相貌不佳。上文也曾说过，乾隆择臣标准之一就是"颇以貌取"，即他喜欢的是那些相貌俊秀、年轻聪颖之人。乾隆身边的重臣如和珅、福长安等都是美男子，和珅更是被誉为"满洲第一美男子"。和他们一比，纪晓岚无异于是一个丑八怪了。可想而知，乾隆帝又怎么会看中"貌寝短视"的纪晓岚呢。就如清史专家邓

△ 纪晓岚像

之诚所言，乾隆用人"颇以貌取，文达（即纪晓岚）貌寝短视，且江北人，故不为纯帝所喜。一时若翁覃溪、朱竹君、王兰泉、邹一桂皆不得肮仕，际遇颇相似，纯帝所许为明敏之才，率外擢督抚。若于文襄、梁文定、董文恭，皆以弄臣蓄之"。我们不能不说，以相貌作为选用人才的标准，这既是历史的悲哀，也是纪晓岚的悲哀！

其次，纪晓岚性好戏谑，说话刻薄。牛应之在《雨窗消意录》一书中说："纪文达公昀，喜诙谐，朝士多遭侮弄。"男一位清朝文人钱泳的《履园丛话》一书也记载着"献县纪相国善谐谑，人人共知"。也就是说，纪晓岚喜欢开玩笑，且不分对象，经常靠文词戏弄朝廷大臣。

有一次，纪晓岚去拜见一个大官，不巧的是这位官员的脑门上长了个大瘤。纪晓岚就问："为什么不去看医生，把它取掉呢？"并且还一本正经地对那位官员说："街市有位郎中，非俗人，若去，备厚礼，病必除。"信以为真的大臣第二天就去找那位郎中了。可是一见面才知道郎中脑袋上的瘤子比他的还大。

在民间盛传的另一个故事也能反映纪晓岚好戏谑的个性。一日散朝时，一个太监想听纪晓岚讲笑话，纪晓岚假装沉思，半响后才道："从前有一个太监……"然后就不说话了。太监等了半天，不见有下文，就问："底下如何？"纪晓岚答道："底下一样没有。"

我们可以想象，这些被纪晓岚捉弄、嘲讽的大臣会喜欢纪晓岚吗？推而广之，作为众臣之君的乾隆听说了这些事后，对他也会有些看法的，所以在宦海沉浮中的纪晓岚终其一生也未能受到朝廷的重用和乾隆的赏识，他只是皇上的一个"词臣"而已，他的心中应该是充满了文人的孤独和苦闷的。

不过，关于"老头子"一词的由来传说大概能给乾隆和纪晓岚两人的关系带来一些温和的色彩。据《清朝野史大观》中记载，乾隆三十六年，乾隆帝任纪昀为四库全书馆总纂官，负责主持修订《四库全书》。盛夏的一天，体胖的纪晓岚受不了炎热，索性脱掉了上衣，袒胸露背地坐在桌前校阅书稿。正巧，乾隆帝此时亲临馆中。纪晓岚再想穿衣已是来不及了，无可奈何钻入案下，用帷幔裹住身体。过了一会儿，以为乾隆帝已走的纪昀便探头问道："老头子走了吗？"正坐在旁边的乾隆帝怒问纪昀："'老头子'何解？"只听纪晓岚不慌不忙地答道："万寿无疆之谓'老'，顶天立地之谓'头'，父母天地又谓天之'子'，简称为'老头子'。"乾隆帝转怒为喜。从此，"老头子"这个称谓便流传开来。

在后世的传说和演绎中，纪晓岚常常靠着智慧和才略与大贪官和珅作斗争，而和珅只是一个不学无术、只会阿谀奉承的小人形象。

其实，历史上的和珅不仅是当时著名的美男子，而且他还精通满、汉、藏、维吾尔4种语言，会写诗，办事严谨周密，擅长理财，心思缜密，还擅长揣测圣意，为皇帝所赏识。并且和珅与乾隆是姻亲，其妹是乾隆的妃子，乾隆的和硕公主又嫁给了和珅的儿子。在乾隆时期，和珅可以说是权倾朝野。

纪晓岚虽然年长和珅26岁，但作为他的下属，是没有任何能力与之抗衡的。其实，在现实生活和工作中的和珅和纪晓岚往往互相关照，甚至一些学者认为两人算得上是忘年之交。发生在1795年会试中的"兄弟联名高第"一事，就反映出两人之间在处理某些事情时的默契和配合。

乾隆六十年，浙江人王以铻、王以衔同胞兄弟二人结伴来到京城，参加当年的"会试"，被主考官评定为头两名。"兄弟联名高第"的现象在当时引起"群议哗然"，被认为是一大"怪事"。在此情况下，与窦光鼐有嫌隙的和珅（窦光鼐曾揭露过和珅爪牙的罪行）向乾隆汇报，他认为窦光鼐有可能收了王氏兄弟的巨额贿赂。于是，乾隆帝派纪晓岚作为新主考官对二人进行复试。夹在窦光鼐、和珅当中的纪晓岚做了哪些事情呢？

一、取消"会元"王以铻殿试资格，王以衔继续参加殿试。

二、经过纪晓岚等人建议、乾隆皇帝批准，窦光鼐被降职。这种处理结果不仅

△ 和珅画像

使纪晓岚避免了得罪窦光鼐、和珅双方，而且让乾隆帝和朝臣都比较满意。因为窦光鼐的评定结果打破了当时科举考试中省级之间平衡的惯例，引发了众怒，所以降职处分可以说成是窦光鼐为这次会试结果付出的代价，而王氏兄弟也以牺牲一人的殿试资格平息了这次事件，至于和珅关心的也只是窦光鼐被降职的下场。

传说也罢，正史也好，纪晓岚就这样一直行走在历史和戏说之间，并且将一直走下去。

谁是杀害拿破仑的凶手

皎洁的月光下，利活里山谷里处处营盘。一名睡着的法国人突然一激灵醒来，朦胧中看到有个人正拿着他的枪替他站岗。看有点儿熟，哨兵揉揉眼睛，"上帝啊！"哨兵认出了这张轮廓分明的脸，他"扑通"一声跪倒在地，惊恐和绝望使他不敢抬头。"朋友，"拿破仑说，"这是你的枪，你们辛苦了。我正不困，就替你站一会儿，下次可要小心。"

后来，哨兵所在的这支部队，4天内跑了100多千米路，赶着参加3次战斗，没有人抱怨一句。

这是27岁的拿破仑作为法国意大利军团总司令第一次率兵出征的一幕。他在一年时间里，带领4万3千名士兵，打了65次胜仗，俘敌16万，迫使奥地利在"坎波福来奥和约"上签字。从此，全欧洲怀着前所未有的震惊，认识了拿破仑。

1798年5月19日，拿破仑作为远征军总司令出征埃及，要实现他儿时的东方梦想。在这场与英国争霸的殖民战争中，他占领了马尔他岛，征服了上、下埃及，进军叙利亚，消灭了两支土耳其军队，洗劫了巴勒斯坦和加里列。就在这时，法国政局动荡不安。在国内，西部和南部接连发生了封建复辟势力的叛乱，人民的反抗运动日益高涨；在国外，俄、奥、英等六国又组成了"反法同盟"，从而向法国发动进攻。在这种形势下，督政府的统治显得苍白无力，人资产阶级渴望着"铁腕人物和利剑"来保障其政治上的特权和经济上的利益。

此时，在拿破仑的脑海里也正酝酿着一个巨大的计划："回巴黎去，夺取政权，挽救法兰西。"

为此，他毅然丢下了在埃及的2万法军，只率领500名亲信随从，巧妙地绕过英国海军的严密封锁,经历了40个昼夜的艰苦航行,突然出现在巴黎街头。巴黎沸腾了三昼夜,市民在酒店痛饮,在街上唱歌,首都卫戍部队高奏军乐,走遍市区。所有的阶层都在欢迎他。1799年11月9日(雾月18日),拿破仑在大资产阶级的支持下发动了"雾月政变"。

他派兵包围了圣克卢议会,自己闯进正在开会的大厅,在这场针锋相对的斗争中,拿破仑尽管一度惊惧失色,但当他在恢复状态后,立即调动军队,不到4分钟,议员们夺窗而逃。

1804年,当了5年第一执政的拿破仑,通过各种手段,被参议院加冕为法兰西皇帝,建立了法兰西第一帝国。

拿破仑从1799年开始执政到1815年期间,法国经历了6次反法联盟战争,其中有许多战役足以显示拿破仑卓越的军事才能,奥斯特望茨战役就是突出的一例。这一战,摧垮了第三次反法联盟,也是这一战,使英国首相皮特心力交瘁,一病不起,几个星期后就逝世了。临终前,他要人摘下挂在墙上的欧洲地图,悲伤地说:"卷起来吧!今后十年不需要它了。"

1815年6月18日,滑铁卢大战打响了,拿破仑的作战计划被后世认为是天才杰作。英军在威灵顿公爵的指挥下,勉强顶住法军排山倒海的进攻,直至最后极限。在这千钧一发之际,布吕歇尔将军率领3万普军赶到,而拿破仑格鲁军却毫无踪影。联军发起全线反攻,拿破仑只有向法国败退。

22日,在议会的逼迫下,拿破仑签署退位诏书,结束了法国历史上的"百日王朝"的第二次统治,被囚禁在遥远的圣赫勒拿岛。

在圣赫勒拿岛上,拿破仑度过了6年严加看管的囚徒生涯,终于在1821年5月5日下午4时45分去世。

死于胃癌,是一种最早最为普遍的说法。理由有三:其一,从遗传学的角度考察,癌症是他的家族的遗传症;其二,拿破仑本人也一直认为自己得的是癌症;其三,据传在尸体解剖时,发现其胃已溃烂,肝部微肿,其他内脏完好,身体肥胖。这一结论性的病情报告,在相当长的一段时期内,在史学界享有绝对的权威。

20世纪50年代初期,法国和德国的几家医学杂志多次发表文章否定拿破仑死于胃癌，文章认为，拿破仑得的是一种热带病。当他在进攻埃及和利比亚时就染上了这种疾病，圣赫勒拿岛为热带气候，因而他在流放其间旧病复发。然而，随拿破仑在圣赫勒拿岛生活了6年的蒙托隆将军，在回欧洲后否认了这种可能性，他一口咬定拿破仑是死于岛上流行的肝病上。

1982年初，《谁是杀害拿破仑的凶手》一书在法国问世，此书以大量的"史料"、"科学的凭证"，推翻了一个多世纪来的"权威"结论，"证实"了拿破仑是被砒霜毒死。

这本书作者是瑞典医生、毒物学家斯坦·福舒夫伍德。他认真研究了拿破仑病症的记载，发现他在生命垂危之际有慢性砷中毒的各种症状：心悸，身体两侧、双肩和腰部剧痛，肝脏肿大，四肢无力、除头发外全身汗毛脱落……

为了从科学上找到凭证，他四处奔波，几经周折，终于弄到了几绺拿破仑的头发。在化学分析中，测定出受害人体内砷的含量是正常人的13倍。多次化验的结果都证明：拿破仑是被小剂量的砒霜慢慢毒死的。

为了证实这一结论的可靠性，这位瑞典医生还对曾生活在拿破仑身边的人进行了逐一分析，找到实施这一计划的重大嫌疑人犯，那就是他过去的部下，一位在战场上毫无建树的蒙托隆将军。蒙托隆利用负责拿破仑生活日用品供应的便利条件，在他专用的淡葡萄酒中施放砒霜，使之日积月累，逐渐中毒死亡。

福舒夫伍德从大量的历史事件中证明他完全有作案动机：一方面是与拿破仑的私怨；另一方面则是受阿图瓦伯爵之命，充当了拿破仑身边的一名奸细，伺机进行谋杀，以消除波旁王朝因拿破仑的存在而导致的心理上的恐怖与不安。

拿破仑的死因，在有关学术界引起了广泛的兴趣，结论仍无一定论。

圣女贞德殉国之谜

历史书上对圣女贞德的描述最清楚不过，名望卓著的历史学家一致认为她的死完全没有疑点：1431年5月一个早上，贞德在庐昂一个公众广场被烧死。当时，有数以千计的人亲眼看见这桩惨事。通往火刑台的通道挤满大群观众，800名英国士兵把人群与火刑台远远隔开。在审讯之中，贞德虽然提出强硬有理的申辩，但审判结果早已拟定。当日，贞德临刑之际，自头至脚罩着布，在两名教士陪同下，步向生命的尽头。这个19岁的农家少女曾率领法国抗拒英国侵略，一度是万人景仰的民族女英雄。如今围

△ 圣女贞德

睹的群众要看到她悲惨的收场，在英军眼中这才一了百了，以断绝后患。

在一万多人注视之下，这个体型纤小，被宣判为女巫和异端信徒的少女，迅即被熊熊烈焰吞噬，很多围观者听到她喊出耶稣的名字，并且呼叫那些激发她率领义军、把英军逐出法国的圣徒名字。烈火烧了一段时间，她还没有气绝，最后听到她低吟一声："耶稣"，便离开人世，群众看见行刑者拨开火堆，露出一具烧焦的尸体。不过有段时期，很多法国人相信一个言之凿凿的传闻，认为贞德根本没有在火刑台上烧死。到了今天，仍然有部分人认为在1431年5月那个早上死去的并非贞德本人。

△ 圣女贞德贞德被绑在火刑柱上

这个虔信宗教的年轻牧羊女，带领法国军队打败英军，足以令群众相信上帝创造奇迹。在她领导下，法国军队解了奥尔良之围，而且在其他战役里把英军一路逐出法国，当时的王太子已势孤力弱，但贞德激发起群众爱国情绪，效忠于王太子。1429年王太子正式加冕为法国国王查理七世时，贞德站在他身旁，这是她最得意之时了，其后，她要收复巴黎，可惜徒劳无功，翌年春天，更落入英国军队的手中。英国人决意要把贞德公开处死，只因她能创造奇迹，提高士气，令法国士兵奋不顾身投入战斗，英国人因此视她为最危险的敌人。

行刑人向群众展示奥尔良姑娘（当时的人喜欢这样称呼她）烧焦的尸体之后，再度燃起烈火，将尸体烧成一堆灰烬，然后把这些灰烬扔进塞纳河去。不过，有些目睹行刑过程的人，自此就谈起当时的神奇景象。一名英国士兵说，贞德的灵魂离开肉身时，他亲眼看到一只白色鸽子自火堆飞升，部分人说看见火焰中出现"耶稣"字样。不久，有传说贞德的心和肝脏保持完整，没有被烧掉。过了一个短时期，更有人说火焰没有伤及贞德，她仍然活在人间。

贞德的两个兄弟知道法国人乐于相信这位女英雄仍在世间，发觉可以从中图利，于是决定布置一个令人齿冷的骗局，意图乘机赚上一笔。这两兄弟早已因贞德的名望而得享宽裕的生活，1436年，即贞德死后5年，两人把贞德仍在人间的传闻再加渲染（结果使传闻继续流传了数百年）。兄弟两人突然在奥尔良的街头出现，身旁还有一个披甲策马的年轻女子。他们说那女子就是贞德，在施行火刑之前最后一刻由另一个女子顶替受刑。事实上，那披上盔甲的女子是个名叫安梅丝的女骗子，她在冒充贞德之前，在意大利教皇的军队里服役，有过一段军营生活的经历，当时她的威武外形和娴熟的马术，甚得群众喜爱，使看到她的人不假思索就相信贞德仍然在世。

奥尔良市民对贞德两位兄弟的说法完全相信，甚至废止了自贞德牺牲后一直为她举行的纪念仪式，贞德的兄弟和女骗子的骗局处处得逞，无往不利，先后在奥尔良及其他法国城市，享尽美酒盛筵，并广受尊敬。然而好景不长，4年后他们的骗局被揭穿了。1440年，安梅丝在巴黎原原本本供认她参与那出无耻的闹剧。不过，冒充贞德的事件影响深远：贞德在庐昂一个公众广场逃出生天的传说，虽然已证实为无稽之谈，但是有些法国人却始终深信不疑。

1456年，圣女贞德救国的使命终由后继的人去完成，查理七世也几乎完全统一法国。这时，贞德那两名善于欺诈的兄弟又理直气壮地支持他们母亲，请求重新审讯，为贞德洗脱异端信徒和女巫的污名。那场为恢复贞德名誉而举行的审讯，终于把1431年的判决推翻，但法庭并没有传召贞德的兄弟作证。他们早期利用贞德名誉谋利所作的那些恶行，令教士和政府当局深恶痛绝。女骗子安梅丝却能安享余年，其后结婚生儿育女，而后嗣始终相信她才是真正的奥尔良姑娘。

沙皇未解之谜

亚历山大一世是俄国罗曼诺夫王朝的第13位沙皇，后人称他为"神秘沙皇"、"北方的斯芬克斯"。尽管他统治的时间不长，却给后世留下许多未解之谜。

亚历山大一世的父亲保罗是女皇叶卡捷琳娜二世与情夫萨尔蒂柯夫一夜风流后的产物。保罗出生后，女皇就对这个不该出生的儿子极其冷淡。保罗成人后，母子关系更加紧张，相互都避免在公开场合见面。孙子出生后，女皇叶卡捷琳娜二世身上的母性突然复苏，给了他连自己儿子保罗都没有得到过的母爱，百忙之中还亲自制定详细的培养计划。她认定这个新生儿将取代保罗成为真正的皇位继承人，因此她亲自为孙子取名为亚历山大，希望他将来有俄国古代名君亚历山大·涅夫斯基的性格和功业。

当亚历山大长大后，逐渐察觉到父亲与祖母间的严重不和，从而被迫在两人之间周旋。他很清楚，头戴皇冠的祖母可以给他一切，所以他努力讨取祖母的欢心，常常以自己的聪明和机智博得祖母的夸奖。

女皇叶卡捷琳娜二世到了垂暮之年，更将皇位继承人的选择看成大事。她在宫中曾公开表示："只有孙子亚历山大继位才能善掌朝纲。"亚历山大知道此事后，立即给祖母写信表示心领神会，同时他也给父亲保罗写信，在信中提前称他为"皇帝陛下"，表示宫中所传，实为谣言。

女皇私下秘密起草一份诏书，宣布废除保罗的皇位继承权，立亚历山大为未来沙皇，她准备在1796年11月24日正式公布诏书，晓谕天下。然而突然的事变使亚历山大的希望落空，荒淫无度的女皇竟然于1796年11月4日中风，命在旦夕。保罗闻讯后立即赶到宫中，到处搜查传闻已久的秘密诏书，最后在女皇梳妆台找到诏书，并付之一炬。11月6日，显赫一时的叶卡捷琳娜女皇

去世，保罗在苦苦等待34年之后，终于登上了皇帝的宝座。

俄国在保罗的恐怖统治下，全国上下怨声载道。

1801年3月11日晚11时，朱波夫、本尼格森带领亲信杀气腾腾地冲进保罗卧室宣布：

"陛下无力掌管国家，请在退位书上签字。"

保罗死命拒绝，烛光熄灭，黑暗中，有人将军绶带套在保罗脖子上，几分钟后，保罗就一命归西。俄国开始了亚历山大统治时期。

保罗一世死于非命已属公认，但亚历山大是否参与却众说纷纭。主要有三种说法：

其一，认为亚历山大直接参与密谋策划活动，甚至其弟君士坦丁还亲自参加了3月11日晚的暗杀活动。这种说法属传说。

其二，亚历山大事先了解谋杀活动，但未加制止，置身事外，静观其变。这种说法比较可信。

其三，认为无论出于人伦纲常，还是出于父子亲情，亚历山大都不可能参加密谋活动。理由是亚历山大与保罗的父子关系一直不错，而且保罗即位初就颁布嫡长子皇位继承法，并已在法律上确定了亚历山大的首席皇储地位，因此亚历山大没有理由违反天条。

亚历山大执政后，最大的功绩莫过于击败拿破仑入侵，这使他声名远扬。可是，卫国战争胜利不久，他便走向反动。在国内，他任用奸臣阿拉克切也夫，日益推行极端专制主义的政策，以致国家动荡不已。在国外，他伙同奥、普组织所谓"神圣同盟"，充当镇压各国人民革命的刽子手。

在生活中，他逃避现实，笃信宗教，但痛苦似乎总是纠缠着他，使得他思想日益阴暗。这时，恰逢莫斯科洪水泛滥，造成房屋严重损失，500多人因此毙命，与此相似的洪灾，在亚历山大出世那年也曾发生过。这种巧合，在他精神上受到严重打击，视为"上帝对自己的惩罚"。因为，父亲的死多年来就一直是缠绕在他心头的心病。

精神濒临崩溃的亚历山大，为了摆脱内心忧惧，于1825年9月同皇后伊丽莎白去亚速海岸的一个叫塔冈罗格的小镇去休养。不久，俄国皇室发出讣告：沙皇陛下在休养地因病驾崩，终年47岁。

他的死，引起了一连串的疑问。

第一，为什么沙皇会选择此处为休养地？这个塔冈罗格的小镇一侧与风沙不断的大草原毗邻，另一侧紧挨着臭气熏人的亚速海。

第二，在皇后到达前，亚历山大什么体力活都干，他说："要习惯于过另一种生活。"所谓"另一种生活"作何解释。

第三，10月末，亚历山大喝了杯滚烫的伏牛花果子露，从那以后，他便一直觉得身上有些发烧。11月初，病情略有好转，但还有种说法是他的病情正日趋严重。19日，突然传来了沙皇驾崩的噩耗，他是怎么死的？

第四，被召去治病的10名医生中，只有2人在证书上签字。病情报告中所述亚历山大病况，又多处与实际情况相悖，证明书中说他患的是间歇热，因而肝脾肿大，但沙皇实无此病，两天后即21日，人们参加了他尸体防腐典礼，然而，死者的面目已经完全腐烂，人们已无法辨认出这位昔日沙皇的仪容了。次日，棺木便被禁止打开，而且灵柩却迟迟不能运回首都。当沙皇家人向遗体最后告别时，普鲁斯亲王对死者的模样大吃一惊……种种情形都不合情理，这是为什么？

在沙皇死后不久，传说和猜测不胫而走：有人称，沙皇已乘一艘英国船去圣地巴勒斯坦朝圣去了；也有人传闻，沙皇被哥萨克人劫走藏匿起来了；还有人透露，沙皇已被秘密前往美洲。尽管众说纷纭，但都一致认为沙皇未死。1921年，前苏联发掘亚历山大的棺材，发现里边竟空空然无一物。历史学家设想，这位"替身"的尸体已被悄悄搬走了。

沙皇死了10年以后的一天，在乌拉尔山区的一个村子里突然出现了一个雍容高雅，仪表超俗，自称费道尔·库兹米奇的老人。他无法证明自己的身份和经历，警察问他，他对自己一无所知。据说他的外貌极似亚历山人。按法令，他被罚20大板，随即流放西伯利亚，先是不断迁居，最后由一位富商克罗莫夫的资助才有了自己的小屋。

这位库兹米奇博古通今，对重大政事了如指掌，他常谈论莫斯科大主教菲拉雷特，修道院长福狄斯，历数库图佐夫元帅的赫赫战功，描述俄军开进巴黎的盛况，甚至还记得当时沙皇的左右人员。人们相信，这位名叫库兹米奇的老人一定曾与政界要人有过密切的交往。有人说，他在某一段时间内常收到一个名叫玛丽·菲欧多果夫娜（亚历山大一世的母亲）的女人寄来的钱和衣物。还有一位农民说，伊尔库茨克的主教曾亲自来看望他，并同他做了长时间的交谈。

他的举止也酷似沙皇，喜欢将拇指插入腰带中间。亚历山大一世的长子以及亚历山大三世的幼弟，曾前来拜访这位长者。一位随行的老兵曾当着库兹米奇的面失声喊出：

"这是我们的沙皇。"

还有一件事情，令人们百般迷惑。他收养了一个孤女，很像亚历山大与其情妇的孩子。当村民为她说媒时，库兹米奇总是拒绝。

他说："你的身份高贵，将来可以嫁一个军官。"

他介绍养女走访名门望族和沙皇尼古拉一世。沙皇接见了她，并询问了她养父的诸多情况。后来，这位养女果然嫁给了一位军官。

库兹米奇死于1864年1月20日。直到临终前，他始终没有暴露自己的身份。遇到有人恳求他透露自己的真实身世时，却总是用"上帝会认出自己的亲人的"这句重复无数遍的老话，来回答别人的期待。

死后，人们为他建了一个小祠堂，墓碑上写着："这里安葬着上帝的选候——费道尔·库兹米奇。""上帝的选候"，正是亚历山大一世战胜拿破仑后正式接受的称号。

此外，还有两个发人深思的问题。

问题一，一位曾参与治疗亚历山大的医生，从不参加每年11月19日纪念亚历山大之死的祷告仪式；而1864年1月21日，他却为亚历山大的亡灵祈祷，他流着眼泪说："沙皇这下可真是死了！"

问题二，在亚历山大二世的办公室的墙壁上，有人看见挂上了库兹米奇的画像。

一切似乎很清楚了，但也有相当多的人持与上述看法截然不同的见解，提出许多疑问。

一、当时伊丽莎白皇后身患严重的肺病，已离死期不远，亚历山大一世同她重修旧好后，对她一片深情，十分体贴，绝不可能出于一时冲动将她弃之不顾。就算要走，也要等皇后去世后再作打算。

二、如果沙皇出走是酝酿已久，为什么未在离去前妥善解决继位人人选问题呢？

三、沙皇如果施行掉包计，运回一具与他外表相似的尸体，一定得有许多人相助，其中必须包括军官、医生、秘书以及伊丽莎白皇后本人，皇后在最后时刻一直守候在病人的床前，沙皇死后，她即给母亲和皇太子等亲人写了悲恸欲绝、令人肝肠寸断的信件。她不可能会如此镇定地演出这样一场令人心碎的闹剧，也做不到仅仅为了避免外人怀疑而整天以泪洗面。

四、亚历山大一世的侄孙尼古拉·米哈伊洛维奇大公，在仔细翻阅了皇宫秘密档案之后，也断定亚历山大一世确实在塔冈罗格驾崩。他认为，以亚历山大性格特点，他不会有如此雅兴，演出这一闹剧。沙皇当时已经人到中年，如此不计代价，无牵无挂地去苦修苦行，实在与他性格不相符合。

如果掉包计纯属奇谈，那么势必要辨明那位突然出现的长者费道尔·库兹米奇究竟是何人。

尼古拉·米哈伊洛维奇大公曾经就此问题进行过研究，他倾向于认为这位长者原是保罗一世的私生子、海军军官西蒙·维利基。但也有一些人认为，他原是禁卫军骑兵队的军官乌瓦洛夫。据说乌瓦洛夫于1827年离家出走，下落不明。还有一些人认为，这位长者只是一个为了改换环境而背井离乡的俄国贵族。

费道尔库兹米奇果真是亚历山大一世吗？沙皇灵柩里躺着的只是他的替身吗？这给后人留下了一个千古之谜。

人类未解之谜

哥伦布的生平之谜

哥伦布"发现"美洲似乎已是众所周知的事情，但哥伦布这个众口流传的英雄，直至现在，仍是一个谜一样的人物。美国历史学家艾·巴·托马斯在他的《拉丁美洲史》中说到："克里斯托弗·哥伦布其人是一个谜……关于他的生平，很少有人能说得确切。"哥伦布在成为英雄之前是一个怎样的人，史学家们说法不一。

第一种说法认为，哥伦布是意大利人。有历史学家认为，克里斯托弗·哥伦布生于意大利城市热那亚。其祖父乔凡尼·哥伦布是一个手工业

△ 哥伦布像

者，在意大利经营毛纺织业作坊。哥伦布的父亲多米尼科·哥伦布在热那亚开设了一个呢绒作坊，哥伦布就诞生在这个作坊里。克里斯托弗·哥伦布从14岁起到海上生活，当过海盗，后来在西班牙国王的支持下，与他的弟弟一起开始了从欧洲到美洲的航行。

但这种普遍说法却一直缺少足够的证据支持。围绕哥伦布的身世这一谜题，世界一些国家的研究人员正展开一项大规模的DNA调查。人们期待着借助当代先进的基因检测技术，获得有关哥伦布身世的新发现。

第二种说法认为，哥伦布是西班牙贵族。一些历史学家发现哥伦布可能不会写意大利文，因为他的私人信件中使用的都是西班牙文。他们认为，

哥伦布应该是西班牙加泰罗尼亚人，而且出身贵族之家。他在去世时被称为"哥伦"，这是加泰罗尼亚语。哥伦布的航海日记都是用拉丁语写的，而拉丁语是受过"高等教育"的人才会使用的文字。

第三种说法认为，克里斯托弗·哥伦布是犹太人。历史学家认为，哥伦布是躲避西班牙宗教迫害的犹太人，他为此不得不隐瞒身份。在当年的西班牙，即使改变了宗教信仰的犹太人也要被驱逐出西班牙。

第四种说法认为，哥伦布出生于希腊东部的希俄斯岛。当时在热那亚控制之下，他还曾说自己是"红土地的哥伦布"。希俄斯岛就是以它南部的红土出名，现在这里还有很多居民都姓哥伦布。

葡萄牙的历史学家则认为，哥伦布是因为出生地葡萄牙的一个城镇名为古巴，后来才命名了美洲的古巴。

还有更加离奇的说法，哥伦布原是一名法国海盗，但后来他试图掩盖自己这一身份，曾更名改姓。

根据现有资料显示，伟大的哥伦布生前很少与人谈起他在1470年中期之前的生活，像是在故意地隐瞒着一些事情。关于哥伦布的身世到底有什么不为人知的秘密呢？这一谜题还有待研究。

人类未解之谜

拿破仑是死于胃癌吗

拿破仑·波拿巴,人称奇迹创造者,法兰西第一共和国第一执政(1799~1804),法兰西第一帝国及百日王朝的皇帝(1804~1814,1815)、军事家、政治家,曾经占领过西欧和中欧的大部分领土,使法国资产阶级革命的思想得到了更为广阔的传播,是法兰西共和国近代史上著名的军事家和政治家,在位前期是法国人民的骄傲。正如欧洲一位历史学家所说的那样,拿破仑身后总与一系列问号相连,其生也如此,其死也不例外,作为法兰西帝国的缔造者,拿破仑在战场上书写了辉煌的篇章,对于他的死亡也是众说纷纭。

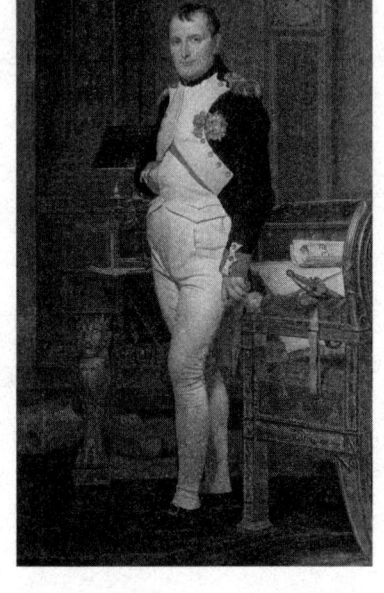

△ 拿破仑画像

第一种说法认为:拿破仑死于胃癌。拿破仑死于胃癌是一种最普遍的说法。首先从遗传学的角度考虑,癌症是拿破仑的家族遗传症。其次研究人员在对拿破仑的尸体进行解剖时,发现他的胃已经溃烂,肝部微肿,其他部位良好。而且瑞士科学家通过对拿破仑不同时期的12条裤子尺寸进行研究后断定,拿破仑的确是死于胃癌。这12条裤子是拿破仑在被流放中的6年中先后穿过的,瑞士科学家们测量了这些裤子的腰围,然后又研究了一些活着的胃癌病人的腰围变化。结果他们发现,拿破仑的腰围变化和胃癌病人的腰围变化完全一致。科学家发现,拿破仑穿的最大号裤子腰围尺寸是110厘米,而在他1821年去世前,他穿的裤子腰围已经缩小到了98厘米。巴塞尔大学医院专家艾利桑德罗·路格利道:"我们相信尸检报告的说法,拿破仑的确是死于胃癌。"

第二种说法认为:拿破仑死于医疗事故。美国旧金山的病理学家对拿破仑的治疗记录进行了研究。他们发现,拿破仑当年流放到圣赫勒拿岛后,医生使用了一种不卫生的大注射器给他注射药物。为了祛痰,医生还给拿破仑服用了酒石酸氧锑钾,造成他体内严重缺钾,从而导致心跳过速的症状。研究人员还认为,真正将拿破仑送上绝路的是去世前两天医生开的一剂泻药。这剂药中含有600毫克的氯化汞,是正常剂量的5倍。这一剂药可能使拿破仑体内的钾进一步缺乏,从而诱发了脑溢血或心肌梗塞而死。

第三种说法认为:拿破仑因砒霜中毒而死。斯坦伏舒夫尔德曾认真研究了拿破仑病症的记载。他发现拿破仑在生命垂危之际有心悸,身体两侧双肩及腰部悸动,除了头发外,全身汗毛脱落。2002年10月,科学家对拿破仑不同时期的头发样品进行了测定,发现这些头发中砒霜含量极高。这一发现正是人们推测拿破仑死因的根据。

虽然这些科学家认定拿破仑是死于砒霜中毒,但是这其中也有分歧。《谁是杀害拿破仑凶手》一书的作者斯坦伏舒夫尔德认为,蒙托洛(随拿破仑在岛上生活了6年的将军)在拿破仑专用的淡葡萄酒中放了砒霜,这样日积月累,拿破仑最终中毒而死。还有人认为拿破仑的砒霜中毒并非摄食到体内的,而是来自外部环境。因为,这些样品中的砒霜含量几乎一致,并均匀分布在整根头发上。由此科学家推断,当年囚禁拿破仑的房间墙壁上贴着含有砒霜成分的墙纸。在阴暗潮湿的环境下,墙纸产生了一种含有高浓度砷化物的气体,致使这间屋子里的空气受到污染。年复一年,拿破仑终于患慢性砷中毒而死。

华盛顿是死于癌症吗

美国第一任总统华盛顿在完成了历史赋予他的使命之后，于1798年初冬，悄悄回到了自己离别16年的家乡——弗农山庄。66岁的他准备在这里安度自己的晚年。一年以后，死神却奇迹般地夺去了他的生命。他死之后，虽然其主治医生发表了公开声明，向国人交代了医治华盛顿的全部过程，但人们对华盛顿之死，仍心存疑虑。

第一种说法：华盛顿因感冒引发会厌炎而死。大卫·莫伦斯是美国国家卫生研究所的著名流行病学家，曾对华盛顿的死因作过深入的研究，在此方面具有很高的权威。他在新英格兰医学杂志发表了自己的观点：他因患有急性会厌炎而导致气管阻塞，最后窒息而死。会厌炎的典型症状是发作快、发高烧、咽喉疼痛肿胀、咽食困难、声音嘶哑甚至不能说话。由于患者的气管阻塞，呼吸困难，导致焦躁不安。据资料表明，华盛顿在生命最后的日子里，就表现为这种病状。

第二种说法：华盛顿死于庸医之手。华盛顿生病期间，克雷格医生在整个治疗过程中，为他放了4次血，放血量相当于他全身血液的1/3。到了晚上华盛顿临死时，这一切治疗手段都无济于事，华盛顿在极度痛苦中离开了人世。学者们认为：华盛顿是重感冒引发扁桃体脓肿而致肺部严重感染，但放血治疗才是导致华盛顿死亡的根本原因。

第三种说法：华盛顿可能患有癌一类的慢性消耗性疾病，后来因受风寒造成重感冒，以致心脏功能衰竭或心跳猝停而不治。

华盛顿的死因一直没有被查实，他得的是什么病？医生为他诊断的结果是什么，给他吃的药对病情有没有作用？药名是什么等都无人知道。而他生前准备两份遗嘱的目的是什么，是不是其中另有隐情？我们更是不得而知。

# 希特勒为何要屠杀犹太人

纳粹德国屠杀犹太人是德国历史上最黑暗的一页。在第二次世界大战期间，纳粹德国变本加厉，从排犹转向屠犹。在居住有全欧洲一半犹太人的波兰、立陶宛和乌克兰等地设立了许多犹太集中营。1941年6月德军入侵前苏联后，党卫队就开始在侵占的前苏联领土上开始灭绝犹太种族的行动。从1941年夏至1943年2月，有360多万犹太人被杀。

希特勒在《我的奋斗》中写道："雅利安人的最大对立面就是犹太人。"他把犹太人看做是世界的敌人，一切邪恶事物的根源，一切灾祸的根子，人类生活秩序的破坏者。为什么希特勒对犹太人有着如此大的仇恨，并做出了令人发指的野蛮行为？

针对这一问题，研究人员提出了4个主要原因。

第一个原因：宗教情结。基督教是世界上流传最广、信教人数最多的宗教。在欧洲，特别是西欧，人们普遍信仰基督耶稣。虽说基督教的经典《圣经》之一的《旧约全书》原是犹太教的经典，两教之间有着密切的历史渊源，但基督教教义认为，是耶稣的12门徒之一的犹大为了30块银币而出卖了上帝之子，是犹太人将耶稣钉死在十字架上，这就造成了基督徒们在情感上对犹太人的仇视。另外，早在14世纪，鼠疫在欧洲流行，欧洲有超过1/3的人死于这场瘟疫，有人认为瘟疫是犹太人造成的，目的是要摧毁基督教世界。种种原因使得信奉基督教的欧洲人在宗教感情上很难接纳犹太人。当政治借此大做文章时，多年来积蓄的仇恨感就会像火山一样喷发，成为一种疯狂的社会驱动力。

第二个原因：经济上的动因。犹太人历来善于经商，经济活动也都相当成功。如19世纪的犹太人罗思柴尔德家族对欧洲的经济有着举足轻重的影

响。而20世纪20年代末至30年代初，爆发了世界性经济危机，严重打击了德国，不仅使经济倒退，同时也激化了国内的阶级矛盾，而且刺激了垄断资产阶级对外扩张的野心。而在国力衰落的情况下，把手伸向富有的犹太人成为了德国统治阶层理所当然的选择。

△ 二战其间，德军光在奥斯维辛集中营就杀害了100多万犹太人

第三个原因：政治因素。在历史上犹太人参加革命是比较积极的，纳粹政权更是对马克思主义是"国际犹太财团"的政治学说深信不疑，因而他们把反犹与迫害共产党和社会民主党联系起来，以稳固其法西斯统治。

第四个原因：希特勒的个人经历。据说，希特勒在没有崛起之前，曾经吃了很多犹太人的亏或是受过其奇耻大辱。希特勒是一个有严重病态心理的政治狂人。有学者从心理分析的角度，分析了希特勒个人经历对屠犹政策的影响。美国心理学家比尼恩在所著《希特勒与德国人》中，根据为希特勒母亲治病的犹太医生布洛施的病历资料，以及为希特勒治病的医生所提供的材料，对"希特勒内心受到的创伤"进行分析。他认为，希特勒在一次大战曾因英国施放芥子气中毒，福斯特尔医生以催眠疗法治疗他的伤痛。希特勒治疗时在幻觉中想到他的患有癌症的母亲是被犹太医生误诊而痛苦地死去，于是，希特勒不自觉地把母亲的死归咎于犹太医生布洛施，同时他又在幻觉中把对一个犹太人的恨与对全体犹太人的恨联系在一起。

不管是出于什么原因，纳粹德国在第二次世界大战中的屠杀犹太人行径都是极为残暴的。

西汉平定"七国之乱"新探

中央电视台热播58集电视连续《汉武大帝》,其中提到了汉景帝时爆发的"七国之乱"。七国之乱的首脑是吴王刘濞。吴王早就蓄谋夺取朝廷大权。公元前154年,吴王以"诛晁错,清君侧"为名,首先起兵,并纠合楚王、赵王等6国一同起兵,反叛朝廷。此时,汉景帝听信谗言,错杀了坚持反分裂的忠臣晁错,企图以此不战而退叛军,岂料叛军气焰更为嚣张,汉景帝这才下决心以武力平叛。

◎ **临危受命定乾坤**

周亚夫是平定七国叛乱的主要军事统帅。他是诛吕安刘的功臣绛侯周勃的次子,是一员深晓韬略的军事家。汉文帝时,他屯军细柳(今陕西西安北),防备匈奴。汉文帝劳军时,他以治军严谨一度博得文帝的赞誉,说:

"嗟乎!此真将军矣。向者(以往之意)霸上、棘门如儿戏耳,其将固可袭而虏也。至于亚夫,可得而犯耶。"

汉文帝临终时,嘱咐景帝:"即有缓急,周亚夫真可任将兵"。所以,当吴楚七国举兵反叛汉中央政权时,汉景帝就任命他担任进击吴、楚军统帅的重任。周亚夫向汉景帝汇报自己的策略说:"吴、楚军队强悍,我军难于强攻,请求朝廷同意将梁地暂时放弃,然后想办法截断叛军的粮道,这样就可以制服叛军了。"汉景帝同意了这一方案。

周亚夫率军出发,准备前往荥阳与诸将会师。行军至灞上,赵涉拦住周亚夫,向他建议道:"大将军此次讨伐吴、楚叛军,事关重大,如果胜利了,朝廷得以安宁,万一不顺利,天下从此难得太平。不知道您能不能听一听我的意见?"周亚夫赶紧下车,向赵涉行礼,询问其策略。赵涉说:"吴

95

王一向富于钱财，叛乱之前早就注意为招揽敢死之士做准备了。这次得知将军率兵前往平叛，一定会派间谍藏于崤、渑之间，打探大军的行踪。用兵讲究的是神不知鬼不觉，将军为何不绕道东南呢？从蓝田出武关到洛阳，与东出函谷关到达洛阳，时间上相差不过一两天，但可以突然直抵武库，进攻叛军。反叛的各路诸侯听说将军率大军到来，还以为将军从天而降呢。"周亚夫采纳了赵涉的建议，改变了行军的路线，到达洛阳后，派人到崤山、渑池一带搜捕，果然抓获了不少吴国潜伏在此的间谍。于是，请赵涉出任护军。

△ 汉景帝刘启

周亚夫到了荥阳与诸将会师，当时叛军正进攻梁国，梁国形势十分危急，向周亚夫求援。周亚夫却率军前往梁国东北的昌邑，深沟高垒实施防御，不去救援梁国。梁王又派使者请求周亚夫派兵救援，周亚夫仍然只是率军在便于防御的地方坚守，并不前去解梁之围。梁王只好上书汉景帝，汉景帝下诏命令周亚夫率军救援梁国，周亚夫接到诏书后并不执行，仍然坚守城垒不出战，只是派部分骑兵到吴军后方去截断吴军的粮道。吴、楚叛军缺粮，士卒忍饥挨饿，所以多次挑战，想与汉军决一死战，汉军却一直不出战。吴军在汉军城外东南角准备攻城，周亚夫却让军队在城的西北准备应战。不久，吴军精锐果然在西北方向发起进攻，结果因为汉军早有准备而不能得逞。接下来吴、楚叛军因粮食供应困难，只得撤退。周亚夫才派出精兵进行追击，大败吴王率领的叛军。吴王不得不放弃对汉军的进攻，带着7000人逃走，在丹徒负隅顽抗。周亚夫率军乘胜进攻，俘虏甚众，并以千金悬赏捉拿吴王。一个多月后，越国的人斩杀了吴王，将其人头送给周亚夫。这次平叛，周亚夫率军与吴、楚叛军周旋了三个来月，才最后平定了叛乱。到了这时，各路将领才认识到周亚夫的平叛策略是正确的。

◎ 七国输在同床异梦

吴王的战略计划，似乎宏大，实际都是主观愿望。诸王中只有胶西王听到事成之后可以"两主分割"，是与吴王面约的，楚王是与吴王通谋的，越、闽只是吴王遣使相约而已，齐、淄川、胶东、济南、济北诸王则是胶西王遣使相约的。诸王相约，并不同心。他们只能是貌合神离，同床异梦而已，既不能齐心，更难以合力。叛乱一开始，南越王就未向长沙以北进攻，燕王也未南下萧关，匈奴坐山观虎斗，所谓南北两路的夹击，攻势并未形成，化为泡影；齐王临时背约，胶西等国的叛军不西进而包围临淄；赵国初则观望，继则退保邯郸，会师洛阳的计划也宣告破产。这样，只剩下吴、楚军一路孤军攻打梁国。幻想的分进合击，只能是纸上谈兵。吴王在战役指导上，不听田禄伯的建议（以奇兵入武关，迂回崤、渑，与主力会师长安的奇正并用的方案），又不用桓将军争取洛阳，占领河滩平原地带，堵塞汉军于荥阳以西的山区，使汉军车骑不能发挥长处的建议，对全军粮食命脉的淮泗口也不设防，把数十万大军用在对汉军有利的平原之地，屯兵于睢阳坚城之下，不能自拔。苦战3月，毫无战果，自遭损折，终归失败。

◎ 妙策之功在务实

周亚夫制定的平叛策略对迅速平定叛乱起到了决定性的作用，其在战略谋划和运用上有以下几个特点：

其一，战略指导上的避敌锐气。避敌锐气是为了营造战略反攻的有利时机，变被动为主动。吴国地处海滨，境内有鱼盐矿藏之利，国富民殷，经济实力在各诸侯国中最为雄厚，而吴王处心积虑、苦心经营30年后反叛中央，又动员并联合了6个诸侯国一起行动，叛军的实力自不能低估。而且叛军来势凶猛，处于主动地位，急于与汉军决一死战，汉军则是被动迎敌。在这种情况下，如何对付吴、楚叛军，必须慎重从事。周亚夫认识到了战略态势上的这些客观情况，所以一领受平叛重任，立即将自己的平叛方略面奏汉景帝，认为"楚兵剽轻",在战略上汉军不能立即与叛军死拼,必须避其锋芒。所以他请求汉景帝:"愿以梁委之。"即不能计较一城一地得失,而是宁舍弃部分土地,以空间换取时间,进一步牵制和迟滞叛军的行动,待敌人疲惫,再相机破敌。这一总体战略原则的确立,对汉军取得平叛战争的最后胜利是至为关键的。

其二,在战略主攻方向上以吴王所率吴、楚为重点。"七国之乱"虽有7个诸侯国参加,但核心是吴国。从当时形势看,汉朝中央在制定战略决策时,就认为吴王是叛乱的主谋和

△ 周亚夫画像

核心人物,将其率领的吴、楚联军视为叛军的主力,因而自然是汉军主要的打击对象。周亚夫被任命为汉军主力的统帅后,十分明白自己肩负的重任,视"制"东方的吴楚为自己最重要的使命,所以在战略部署上以东出洛阳、荥阳为击败叛军的要地。

其三,实现战略决策过程中运用了高明的战略指导,即避短用长,抢占战略要地。周亚夫作为平叛的主帅,不仅有卓越的军事指挥能力,而且善于听从谋士们的高明建议。他首先接受了赵涉的建议,改变行军路线,平叛大军避开潼关、崤渑和函谷关的险道,而是改行长安东南,出蓝田、武关,迂回至洛阳,顺利抢占洛阳的武库,以迅雷不及掩耳之势,一举夺取荥阳要地。荥、洛是叛军进入关中的唯一通道,也是叛军战略计划中西进关中的必经之地。占据荥、洛,就使汉军处于可攻可守的地位,不利时可以在此与叛军相持,拒敌于无险可守的黄淮平原,形势有利则可以利用车兵的优势,东出歼敌于平原旷野。在吴、楚军急攻梁地的情况下,周亚夫按照预先设计的战略,不急于率兵奔赴东南去救援正被吴、楚联军进攻的梁国,而是听从了

邓都尉的建议，避吴军之锐气，进据昌邑，与梁国睢阳的守军形成犄角之势，这样既可威胁吴楚联军的侧背，又可防止吴军绕过梁地西进荥阳。进据昌邑后，又深沟高垒，对叛军守而不战，结果，吴军尽其精锐以攻梁，尽管梁王求救，景帝也亲自下令周亚夫率军援梁，但周亚夫不为所动，而是按既定战略，待吴军久攻梁地不下，力疲志殆，陷于无法脱身的地步后，才派弓高侯等率轻骑兵径出淮泗口，迂回到叛军的后方，切断叛军粮道，使叛军陷于粮尽兵疲的境地。等到叛军粮食断绝，又久攻梁地不下，急于寻汉军主力决战时，这时周亚夫在下邑（今安徽砀山）仍坚壁不出，进一步疲敌。最后，吴军只得无功而撤，这时周亚夫认为决战时机已到，立即率精兵追击，结果以逸待劳，变被动为主动，一举消灭了吴、楚疲惫之师。

"七国之乱"被平定后，汉景帝才得以顺利实行贾谊"众建诸侯而分其力"的政策。此后，又下令"诸侯王不得复治国，天子为置吏"，各侯国官员均由中央任免，这样，诸侯王不再实行执政，失去了擅政的基础，再后来，又进一步规定诸侯王不得私修武备和练兵，各诸侯国势力迅速衰弱，仅同于中央下属之一般郡县，不可能再与中央分庭抗礼了。汉武帝继位后，再采纳主父偃的"推恩"之策，颁布"推恩令"，进一步分割诸侯国的领地，削弱其势力。至此，高度中央集权的政治体制得以完全确立。所有这一切，皆是在周亚夫成功平叛后才得以实现的.所以，周亚夫平定"七国之乱"之举，不啻是中国历史上维护统一的辉煌事业，也大有功于历史的发展。他在平叛战争中所施展的战略谋划，无疑是成功指导维护国家统一斗争的杰出典范。

人类未解之谜

李自成兵败甲申新探

公元1644年3月19日，李自成率领农民起义军势如破竹地攻克北京城，崇祯皇帝自缢于景山。仅一个多月后，李自成在山海关被满汉联军击败返京，匆匆在武英殿登上皇帝宝座，旋即被迫撤离北京。我们怎能忘记360年前发生在北京的这场甲申巨变！已经夺取了政权的李自成为什么会迅速败亡，丧失了政权？我们不妨从军事战略角度对其中的奥秘做一些新的探析。

李自成是我国古代历史上杰出的农民起义领袖之一，他既有坚强的战斗意志，又有卓越的指挥艺术，曾领导百万农民起义大军，打过许多有声有色的漂亮胜仗，歼灭了明军大量有生力量，推翻了明王朝近300年的封建统治。但是，他率军与满汉联军在山海关大战失利之后，从此形势发生逆转，一蹶不振，致使已经到手的政权，被清统治者夺走。造成这种情况的原因，当然是多方面的，但仅就军事战略而言，则是由于李自成在战略制定和战略实施上犯下一系列致命的错误，导致进京后不久，迅速溃败，死于通山，遗恨千古。正如一位诗人所说："嗟尔陕北农家子，轻取皇冠葬九宫。"

第一，李自成在1644年农历正月初一在西安建国，"国号大顺，改元永昌，百官礼乐，悉遵唐制"，正式登基当上皇帝。他本应使西安成为大顺政权的首都，使西安成为号令天下的政治中心和经济后盾，他本人应坐镇首都，运筹帷幄，指挥千军荡灭明军。但令人遗憾的是，他却倾巢出动，自当领队，事必躬亲，包揽战事，却忽视了统筹全局和尽量发挥手下众将的积极性。山海关失利后，他匆匆回京在武英殿再登基接受百官朝贺，在西安当了皇帝到北京又再当皇帝，完全是自打嘴巴、自乱阵脚，丢掉了真正的政治中心和战略目标，错误地配置了战略力量。这是李自成兵败甲申的首要原因。

第二，李自成在起义之初提出"三年免征"的口号，这对民众当然有很

△ 李自成雕像

大的号召力,但随着形势的发展,这一口号不作恰当的调整就不妥了,因为不征赋,就断绝了大顺军的后勤保障资源。在进军河南后,李自成更让士兵叫响"迎闯王,不纳粮","吃他粮,穿他粮,开了大门迎闯王,闯王来时不纳粮"。这种极端平均主义的、无政府主义的口号,只能进一步逼使大顺军用拷掠追饷来维持军费开支,以致在进军北京途中,特别是在进入北京以后,全军上下大肆对明朝的官绅富商搜刮抢掠、严刑勒索,扩大了打击面,从而把富裕阶层全部推向敌对方面,造成社会动荡、人心浮动,大顺军日益陷于自我孤立的险境。吴三桂对李自成所以降而复叛,倒向清军,成为大顺军的死敌,其直接原因正在于此。

第三,李自成攻打北京,仅带了8万人马,这充分反映出他在胜利后开始骄傲和盲目轻敌的思想。对关外磨刀霍霍、野心勃勃的清军,他尤其缺乏警觉和"知彼"之功。清廷曾派人携带国书给大顺军领导人,相约联合推翻明朝而"共享富贵",李自成不予理睬,保持了可贵的民族气节,但他对清廷企图侵略中原的野心却熟视无睹，在军事上没有预作抗击清军的部署，对清军勾结吴三桂等汉奸力量搞突然袭击更是"毫无准备"。山海关之战，李自成又是躬亲前沿，只带了6万人马，而吴三桂原有兵力就超过5万人，加上乡勇3万人，以及约10万以上转到大顺军背后发动偷袭的清军，在决战总兵力上，是大顺军的将近4倍之多。兵力如此悬殊，而且远程进击的大顺军与以逸待劳的清军是首次遭遇，猝不及防，难怪大顺军会一战即溃，一败涂地，从此走上了败亡之路。李自成何以如此轻敌？这是由于李自成起义在整个战略进攻阶段的军事发展因明王朝的极端腐朽而特别顺利，除榆林、宁武两地明军作过一些据城顽抗外，其余各地明军大都望风而降，因而李自成和他的将领都产生了骄傲轻敌的思想，误以为"大局已定"，其余明军也将必然"传檄可定"，没想到残余明军"百足之虫，死而不僵"，更没想到满人会与汉奸"合流"反攻。面对突然出现的危机，李自成没有在军事上及时果断地采取有效的应对措施，于是出现了"兵败如山倒"的局面。

第四，李自成军事上的错误处置是与他政治上的狭隘短浅分不开的。李自成兵临北京城下时，曾派投降的太监杜勋进宫，与崇祯皇帝谈判，当时李提出的条件竟然是"欲割西北一带，敕命封王，并犒军银百万，退守河南。受封后，愿为朝廷内遏群贼，外制辽沈，但不奉召入觐"。联系到李自成曾说："陕，我之故乡也。富贵必归故乡，即十燕未足易一西安。"以及把在京中拷饷追赃得来的大量金钱，不停地运往西安等事，可以充分说明，李自成的目光是多么短浅！他进京的根本目的，就是为了捞一把，掠走钱财，在明宫里过一把皇帝瘾。如果把李自成进京比作一次赶考，那他压根就考了一个不及格。说到底，农民意识的天然的局限性，决定了李自成兵败甲申是历史的必然。

郑成功收复台湾的秘诀

343年前的初夏期间，雄才大略的郑成功亲率3万大军进袭台湾，成功地实施了登陆作战，打败了骄横跋扈的荷兰侵略军，收复了被荷兰强占38年之久的台湾，取得了亚洲人民反殖民斗争的第一次大胜利，也为尔后清帝康熙统一台湾创造了有利条件。探觅郑成功收复台湾的成功秘诀，可以归结到一点：善谋者先胜。

以谋略换优势，掌握台海作战主动权。

当时郑成功面临着一系列困难，内部阻力也很大。

在地理上，台湾海峡两岸的平均距离达190公里，最窄处也有130公里，大大超过了著名的英吉利海峡的宽度。在木船风帆动力时代，这样的距离如果不是顺风，就难以在当日抵达彼岸，更难以在当日返回，这就给跨海作战与补给带来严重影响。

在军力对比上，郑成功水师与荷兰海军力量相比，也不占上风。而且荷军是以逸待劳、以守待攻，物质基础和保障能力则远远强于郑军。郑军渡海作战不仅军事实力不足，还要时刻提防背后的清军。

面临复杂的态势，郑成功采取了以谋略换优势的思路，通过创造性的思维，对作战与保障一系列环节精心筹划，从而一步步地掌握了台海作战的主动权。

首先，坚持充分准备。"先胜而后战"，不轻举妄动。虽然郑成功的复台作战决心早在1652年就确定了，但其准备时间却历经了10年之久。因为他认为，海战不比陆战，凶险性大，不能仓促行事，必须做到万无一失。为此，他在1652年和1656年，先后组织部队实施了两次对台试探性军事行动，以摸清荷军虚实，积累经验，以便有针对性地进行准备。此后5年间，郑成功又从筹措粮饷、制造战船兵器及掌握海区敌情水情等方面进行了紧张的临战准备。

鉴于台湾海峡复杂的水文气象条件，特别是复杂的海岸、港口、潮汐等情况，战前，郑成功还派出多批人员到民间大量收集情况。组织人员到台湾外海实地考察。而且亲自关注台湾的敌情与海情，对有关情况做到了如指掌。这样，以谍报手段争夺作战与保障的主动权。俗话说："知己知彼，百战不殆。"鉴于台湾海峡复杂的水文气象条件，郑成功于1657年将担任侵台荷军最高长官揆一通事（翻译）职务的何廷斌秘密发展为自己的内线，让他在台湾秘密收集情报，并代征两岸商船的贸易税。由于当时

△ 郑成功画像

台湾的粮米不能自给，商船多来大陆运粮，致使收入十分可观。两年后何廷斌不仅绘制出了驻台荷军兵力配备、设防和航路等情况的详细地图，使郑成功对台湾情况"烂熟于心"，还为郑成功秘密收取商船贸易税达数十万两白银，解决了登陆急需的经费问题。

再次，精心选择战机，尽力减少作战与保障的困难。1661年3月郑成功在对台作战准备工作基本完成之时，恰逢清顺治皇帝去世，国丧期间的清廷无暇南顾，使郑成功暂时解除了腹背受敌之忧。趁此机会，郑成功于4月21日果断实施对台登陆作战。

第三，精确指挥，巧妙实施登陆作战。

郑成功的登陆舰队分为两个梯队：他亲率亲军和文武百官为第一梯队，共有战船和保障供给船120艘，兵力2.5万人，克期先行；第二梯队有战船20余

艘，兵力6000人，负责后勤补给。行前每艘船上都装载了一定数量的粮食、弹药、淡水等。其作战方针是，首先收复澎湖列岛，作为前进基地，而后趁涨潮之机，通过鹿耳门港，于台江实施登陆作战。

1661年4月21日中午时分，海上风平浪轻。郑成功登陆舰队由厦门的料罗湾出发，利用东南季风，成功地穿越台湾海峡，于22日晨占领澎湖列岛，获取了实施登陆作战的前进基地。

4月28日，郑成功当机立断，决定留下3000人驻守澎湖列岛，自率舰队主力于当日晚一更时分，顶风冒雨，挥军强渡海峡。在与风浪搏斗了大半夜之后，最终于4月29日拂晓到达鹿耳门港外。

荷军驻守的台湾城、赤嵌城，位于今台南市。当时，这两城之间有一个内港叫台江。从外海进入台江有两条航道：一条是口宽水深、舰船易于驶入的南航道，但港口有敌舰防守，陆上有重炮遏制，必须经过激战才能通过；另一条是北航道，亦称"鹿耳门航道"，河道水浅，狭窄迂回，只能通行小舟，荷军也没有在此设防。郑成功之所以挥军直抵鹿耳门港外，一是掌握了该地的潮汐规律，即每逢农历初一、十六两日大潮时，该航道的水位要比平时高五、六尺，大小船只都能通过。郑成功从澎湖冒险而进，正是为了赶在初一大潮时渡鹿耳门；二是何廷斌早已探明了从鹿耳门到赤嵌城的航路。

4月29日（农历四月初一），鹿耳门海潮果然如期而至，水位陡涨。趁此机会，郑军船队在何廷斌的带领下顺利地通过鹿耳门，然后兵分两路：一路登上北线尾；一路驶入台江，准备在禾寮港登陆。

台湾城上的荷军原以为中国船队必从南航道驶入，忙于用大炮拦截。未料郑军却避开火力，从鹿耳门驶入，在其大炮的射程之外。面对浩浩荡荡开进的郑军船队，荷兰侵略者"骇为兵自天降"，束手无策。登陆后，郑军一举切断了台湾城与赤嵌城荷军的联系，并在台江沿岸建立起滩头阵地。

在登陆后立足未稳之际，郑成功又作出了两项置敌于死地的决定：一是出其不意地派兵夺占了荷军的粮仓；二是派何廷斌等人率军到民间征粮。这两项措施，既解决了粮食跨海运输困难的问题，又切断了盘踞在台湾城、赤嵌城中荷军的后勤命脉，对荷军形成了反客为主之势。

第四，围城待机，各个击破。

在这种情况下，郑成功采用先弱后强、分割包围、各个击破的战略方针，首先集中力量围攻赤嵌城。台湾百姓见郑军的大炮难于攻下堡垒，就向郑成功献计说："城外高山有水，自上而下绕于城壕，贯城而过，城中无井泉，所饮唯此一水。若塞其源，三日告困矣。"郑成功依计而行，逼使赤嵌城守军于5月2日挂白旗投降。

此后，郑成功集中力量对付台湾城。该城是荷兰殖民者在台湾的统治中心，因荷军火炮精良，又处于防守的有利地势，而郑军粮弹均缺，地势不利，造成伤亡较大。为此，郑成功当机立断，将强攻改为长期围困，将大部分兵力分驻各地进行屯田生产，以补充军粮，只留少数兵力继续围城。

台湾城荷军被围数月，军粮得不到补给，疾病流行，士气低落，士兵逃亡，投降事件不断发生。1662年1月25日，兵精粮足的郑军向台湾城发起总攻。已被围9个月，死伤达1600多人的荷军乱成一团，被迫与郑军谈判，"愿罢兵约降，请乞归国"。2月1日，荷军交出所有城堡、武器、物资，包括伤病员在内的约900名荷兰军民，由揆一率领，乘船撤离台湾，至此，郑成功收复台湾之战胜利结束，沦为荷兰殖民地38年的台湾又回到了祖国怀抱。

第五，善谋者先胜。登陆作战作为一种最复杂、最困难的作战样式，不仅是军队实力的对抗，更是军事谋略的大较量。在一定物质条件下，在谋略上占上风的一方将成为战场的最后赢家。340多年前，民族英雄郑成功在力量对比不占绝对优势、并在面临两线作战的非常情况下，于台湾海峡演出的这一幕谋略战，为我们正确实施对台军事斗争提供了有益的借鉴。

 **拿破仑的一个常胜要诀**

在西方军事名帅中,最注重消灭敌军有生力量的是法国的拿破仑。他这样说过,欧洲有很多优秀的将军,但他们一下子期望的东西太多,而"我只看到一点,那就是敌人的大量军队。我力图消灭他们,因为我相信,只要把军队一消灭,其他一切就会土崩瓦解"。

拿破仑的这一消灭敌军有生力量的思想,贯穿于他所进行的全部战役中。他在指挥作战时,从来不先去抢占敌人的领土,而总是首先寻找敌人的军队,并力图在一次或多次会战中把他们消灭,从而夺取胜利。例如,在意大利战役中,拿破仑为寻找一切机会歼灭敌军主力,曾以一支3万人的装备很差的军队,同反法联盟进行了14次会战,70次战斗,先后歼敌20余万人,粉碎了第一次反法联盟的武装进攻。

又如,1796年至1797年的曼图亚争夺战。曼图亚要塞位于波河和明绍河交汇处,地形险要,有"意大利锁钥"之称。当时流传一句名言:"曼图亚在谁手,意大利归谁有。"由于曼图亚为奥军在意大利的唯一重要基点,势在必守,以阻扼法军。而法军为控制北意大利,并打通德奥之路,也志在必得。对于这样一个处于关键地位的要塞,拿破仑不是花费高昂的代价去直接强攻,而是采用围点打援的方法来获取。为解曼图亚之围,奥军曾不遗余力地连续4次派兵加以援救,均被法军粉碎,拿破仑正是借此大量消灭了奥军。其中,法军在第一次包围曼图亚时,总兵力约4.2万人,仅以约8000人围攻曼图亚,却以3.4万人待机迎击奥军的援兵。而在奥军企图第四次为曼图亚解围时,尽管拿破仑手中可以用来对奥军作战的机动兵力只有3.1万人,却仍以消灭敌人军队为主要作战目标。他于1797年1月通过巧妙组织利沃里战役,又一次以少胜多,获得了大量消灭敌军的辉煌胜利。拿破仑在给当时督政府的报

△ 拿破仑在弗里德兰战役

告中宣称:"在四天内打了四次战役和六次遭遇战,总共杀伤敌军六千人,俘虏二万五千人。"曼亚图要塞是1796年被拿破仑包围的,到1797年2月,前来解围的奥军名将先后被拿破仑打败,其军队被大量歼灭,守军待援无望,粮弹将罄,终于向法军投降。

为达到消灭敌军的目的,拿破仑惯于采取打掉一个再打下一个的方法,将敌各个击破之。如1814年2月,当施瓦岑贝格的奥军主力和布吕尔的普军主力分别沿塞纳河和马恩河向巴黎挺进时,拿破仑利用敌军两路隔绝的弱点,先于2月10日全歼普军中的一个俄国军团,于第二天重创普军的另一支部队,又于14日击溃布吕尔直接指挥的一支部队。接着,拿破仑又调过头来,连续击溃奥军的3支部队,迫使施瓦岑贝格提出停战的要求。

丘吉尔"导演"苏德战争揭秘

在纪念反法西斯战争胜利60周年之际,西方战史学家相继抛出一些刚解密的档案材料,让人们惊奇地发现,杀得天昏地暗的苏德战争,竟是当时的英国首相一手导演和挑唆的。

丘吉尔施行离间计瓦解苏德同盟。

1939年9月3日,英法两国对德宣战。当时的情况是:法国已经沦陷,英国正面临着德国的入侵,而此时苏联已成为德国的盟友……

当时,希特勒发动战争所需的生铁、棉花、粮食、硫黄和锰等物质,都是从苏联源源不断地运往德国的。而更令人担心的是,斯大林一旦允许德军自由地通过苏联边境,向印度这个英国的大后方发起进攻的话,结果会怎样?还有,苏联一旦加入德国阵营,与德国一道反对英国的话,结果又会怎样?所以,离间苏德同盟、实施祸水东移计划,就成了事关当时英国政府生死攸关的头等大事。

现在比较流行的说法是,苏德同盟早在1940年12月就已经不复存在了。

另外,人们还普遍认为希特勒是在1940年12月18日,制订了将于1941年5月对苏联发起进攻的巴巴罗萨计划。但丘吉尔却在其《二战回忆录》中称:直到1941年6月12日,也就是苏德战争爆发的前10天,他还没有得到任何有关德国企图进攻苏联的情报。

那丘吉尔又散布了什么假情报,导致了苏德战争的突然爆发呢?军史专家纲瓦罗佐夫的研究表明:1941年4月19日,丘吉尔曾命令英国驻苏联大使克里普斯向苏联人民外交委员会递交了一份备忘录。他在这份备忘录中警告斯大林说:"如果英国与德国之间的战争拖得时间太久的话,那么英国就可能因受到某种引诱,而与德国达成一个立即结束战争的和平协议。"

除此之外，克里普斯还私下向一些苏联官员透露说："近来，在有影响力的德国人圈子中，已经谈到了签署这样一份和平协议的各项条件，西欧将回复到二战以前的状况。而此协议一签，德国势必掉头东进，以便在那里获得更大的生存空间。"

丘吉尔和克里普斯的这一唱一和，很明显就是要让斯大林觉得，如果他不是一个傻瓜的话，现在就应该向德国发起进攻，因为当时德军的主力都在对付英国，容易一击得手，而真等到英德和平协议签署之后，再想进攻德国恐怕就不那么容易了。

△ 丘吉尔

英方离间计把希特勒激跳起来了，却让斯大林麻木了

然而，事情的发展却是谁都不曾想到的。对于丘吉尔的假情报，斯大林和他的同事们根本就不相信，倒是引起了希特勒的高度紧张。他想万一要是斯大林相信了丘吉尔的鬼话，那他一定会对德发动战争，那么与其让你来打我，还不如我先去打你。如此一来，竟使得丘吉尔的假情报变成真情报。

同时，丘吉尔也想明白了，社会主义的苏联是绝对有可能成为英国抗击法西斯德国的盟友的。但令人遗憾的是，当丘吉尔得到准确情报——德国人就要对苏联发起进攻——再次提醒斯大林一定要严加防范时，斯大林的惯性思维仍使他觉得这不过是丘吉尔的又一个离间计罢了。

除斯大林去世前的苏联出版物外，在所有有关二战的历史书中，都提到了丘吉尔是如何向斯大林发出警告，说希特勒就要向苏联发起进攻，而斯大林又是如何忽视了这一警告，结果几乎输掉了整个战争的情节。

特别是早在一个月前，苏联潜伏在西方的王牌间谍佐尔格也向莫斯科发来了报告，但就是这样一份在二战史上被认为是最有价值的情报，仍被斯大

△ 丘吉尔、罗斯福和斯大林在1945年雅尔塔会议上的合照

林怀疑是丘吉尔的假情报。佐格尔在报告中不仅具体写明了希特勒在6月22日对苏联发起攻击,甚至还注明了德国将会投入170个步兵师的兵力和主攻方向为莫斯科。

其实,斯大林即便认为这些情报都是假的,按照正常逻辑,那他也应该做出这样一个决断:即明确告知希特勒,苏联并不打算对德发动战争,也就是说要尽一切力量打消希特勒的担心,如果能再适时裁减一些军队的话,则希特勒断不至于因担心苏联会听信丘吉尔的鬼话而发动对德战争,那他也就不会在准备尚不充分的情况下毅然下令德军向苏联发起进攻了。

1941年6月22日凌晨,德国人动手了,他们向苏联发起了进攻,大约在3点30分左右,斯大林被人从睡梦中叫醒,有人向他报告说德军的轰炸机正在轰炸"我们的城市",斯大林几乎难以置信。这时,有人建议立即下令边防军做好战争准备,而还未彻底弄清是怎么回事的斯大林却又插话道:"发布这道命令的时机还不成熟。"

但命令还是下达了,一份苏联边防军正在进行战前动员工作的报告迅速送到了希特勒手上,想必希特勒一定在想:毕竟丘吉尔的意见是对的,看来我们首先发起进攻还是对的。殊不知莫斯科下达给边防军的命令却是:即使德军发起进攻,我们的边防军"也不应对这些挑衅行为做出反应,以免节外生枝"。

斯大林觉悟得实在是太晚了,直到苏德战争爆发11天后,也就是7月3日,斯大林才通过广播向全国军民发表了一次迟到的抗德演说。

大崩溃与大混乱，莫斯科竟无一名德国特工。

面对德军的突然袭击，毫无防备的苏联边防军一触即溃，他们在撤退时的混乱不堪，与1940年法国有秩序的撤退形成了鲜明对比。德军在不到20天的时间内，彻底击溃了苏联部署在其欧洲领土上的军队，120万苏军将士成为德军的俘虏。

7月中旬，德军已挺进到离莫斯科大约200公里的地方。但不知为什么，希特勒的将军们却突然停止了向莫斯科的推进，他们在这里花了两个半月的时间来进行部队休整，这无疑是向斯大林献上了一份厚礼。斯大林当然不会错失良机，而希特勒也没罢免任何官员。但尽管德国送了两个半月的时间，使苏联得到了喘息的机会，可在德军10月2日恢复向莫斯科推进，并占领一座直通莫斯科的铁路小镇后，斯大林手里还是没有多少军队来保卫莫斯科。

虽然人们现在对当时莫斯科市内的情况仍不甚了解，但从俄罗斯政府20世纪90年代至今陆续公布的一些前苏联档案资料看，还是可以知道一些情况的。其中一份1941年10月17日（抑或是18日）斯大林向国防委员会和苏共中央政治局的演讲记录是：今天就立即离开莫斯科，我们唯一的希望是我们的军队能很快从西伯利亚和远东赶来，用火车运送军队的工作已开始。

可是，当时莫斯科城中确无一名德国特工，所以希特勒根本就不知道莫斯科在西伯利亚和远东的苏军赶来之前，就已经被苏联高层领导放弃了。

结果是德军统帅部最终也没有下达进入不设防的莫斯科的命令。号称世界上战斗最强的西伯利亚和远东苏军终于在1941年12月初赶到了莫斯科，并一举击溃了包围着莫斯科的德军。

总的说来，由于丘吉尔的假情报，希特勒本应在苏联赢得胜利，但是他却一而再再而三地错失了通过占领莫斯科来征服苏联的最佳时机。

事实上，早在德军被迫从莫斯科撤退时，希特勒就已亲口对其死党说过，德国已经输掉了这场战争。

苏军率先攻占柏林之谜

在纪念反法西斯战争胜利60周年的时候,世界媒体盛传斯大林又"重返"莫斯科,俄罗斯总统普京顺应民心,正率领成千上万的苏联老战士和广大民众,以不亚于去年西方纪念盟军在诺曼底登陆60周年的规模,纪念苏联红军攻克柏林60周年,因为这是反法西斯战争彻底胜利的标志。俄罗斯的老战士们在庆祝自己的"胜利日"时,以不容置疑的口吻称颂斯大林把马列主义的军事思想发展到了极致,英明果断地指挥苏联军民一举攻占了希特勒的老巢。而西方媒体坚持一些奇谈怪论,说苏军先于盟军攻下柏林是斯大林耍阴谋的结果,还说什么盟军完全有实力先攻下柏林,只是因为盟军统帅胸怀宽广,顾全大局,才把先占柏林的荣耀让给了苏军。究竟是什么原因使苏军率先攻入柏林,把红旗插上了德国国会大厦的顶楼?从军事科学的角度分析,这里有什么奥妙?中外军史专家在纪念反法西斯战争胜利60周年之际,运用最新研究成果对此重新作了解读。

6大原因,使盟军十分无奈地让苏军捧走了攻克柏林的桂冠。

1944年夏季,在急如星火地发起了诺曼底登陆战之后,美、英的庞大兵力终于踏上了欧洲的土地。此时,苏军主力正在白俄罗斯与德军对峙。从地图上看,从白俄罗斯首府明斯克到柏林,与从诺曼底到柏林的直线距离大致相当。双方在同等距离上展开了奔向德国首都的竞赛。苏联和英、美都力图抢在对方之前攻占柏林,以证明自己的社会制度在战胜法西斯中所起的巨大作用。对双方的军人来说,攻克柏林也是这场战争中的最大目标。

但随后随着事态的发展,使盟军统帅艾森豪威尔发现盟军想先于苏军攻进柏林是不可能的,于是十分无奈地放弃了先占柏林的目标,并很艰难地逼使英军主将蒙哥马利停止躁动,服从自己的决定。现在分析起来,当时艾森豪威尔这样做，有6大原因：

一是德军妄图拖延战争的情报让盟军统帅产生了疑虑。盟军最高统帅艾森豪威尔此前得到消息说，由于柏林受到苏军严重威胁，德国政府已准备撤出柏林，政府机关迁至南德山区的可能性极大，并且狂热的党卫军、盖世太保以及忠于希特勒的分子将集结在德国南部的巴伐利亚地区，包括阿尔卑斯山、奥得河西部和意大利北部山区，重新组织力量顽抗。如果真是这样，那么柏林作为"地理目标"的军事意义就大大下降了。盟军情报人员还指出，纳粹分子一旦占领上述山区，便可利用有利地形和新发明的"秘密武器"进行坚守，构筑地下设施发展军火和储备大量粮食，训练了大批青年组织地下军，进行游击战，这样就可以把战争坚持下去，甚至可能"光复"整个德国。艾森豪威尔认为，如果德国的这一阴谋得逞，就会使美国陷入旷日持久的战争，这不仅意味着盟军将付会出更大的代价，而且对于达到军事上迅速取胜、尽快结束战争的战略目的极为不利。因此，盟军在德国中部地区及早前出到易北河与苏军会师十分重要，这一方面可以切断德国政府南撤的道路，另一方面也可以把德军分割成南北两大部分，使之失去相互联系，有利于粉碎德国继续拖延战争的企图。

但是，盟军统帅艾森豪威尔基于此情况的军事计划遭到了英国人的反对。出于垄断资本主义对红色共产主义本能的恐惧，英国政界和军界要员强调务必抢先占领柏林，因而对统帅部的战略计划提出了疑问。因为按照艾森豪威尔的计划，在战术上，英军要把起先以柏林作为主要进攻方向改为通过莱比锡到德勒斯顿方向，并且抽调走了美国第9集团军，使21集团军群战线拉长而失去进攻力量，这就排除了英美联军先于苏军进入柏林的可能。

二是为了遵守盟国在雅尔塔会议上对苏联的承诺。1945年2月，苏、美、英3巨头召开了雅尔塔会议。在会上，斯大林提出，由于苏联在对德战争中首当其冲，付出了最大牺牲，作出了最大贡献，柏林理所当然应由苏军占领。对此，美、英首脑都没有异议，即便是一向好大喜功的英国首相丘吉尔，此时也只有沉默的份。他们清楚，此时的苏军距柏林只有60公里，而自己的军队还在600公里开外，争夺柏林显然无望，何必去得罪俄国人呢！在美国当时的政策中，还有一个要加强对战后意大利的控制问题。为了保住战后管理意大利的有利地位，不让苏联插足亚平宁半岛，美国有意承认苏联对东欧的控制权。于是，这次会议，划分了美、英、苏3国占领德国的范围，柏林自然被划在苏占区内。也就是说，即使美英军队流血牺牲打下了柏林，也要交给苏军来进占，对于这样得不偿失的事情，作为精于算计的大资产阶级代表的盟军统帅自然不想"犯傻"。

三是希特勒的突然反扑打碎了盟军妄图背着苏联与德军单独媾和的梦想。面对苏军和盟军的两面夹击，希特勒采取的防御原则是"东拼西让"和固守柏林，即在英美联军到达之前，竭力阻止苏军的前进速度，把战争拖延下去，实在不得已时把柏林交给美英联军，向同是资本主义世界的西方投降。因此，当盟军从西部向德国腹地推进的时候，沿途的德军纷纷向后溃逃，同样仇视共产主义和共产党人的德军将领们更是希望由美英联军占领德国首都。他们与苏军打了4年恶战，怨极仇深，害怕遭到苏联人的惩罚，因此宁愿对美英联军让路放行。盟军中不少将领特别是英军首脑丘吉尔和蒙哥马利等人对此沾沾自喜，恨不得马上让德军将士"认祖归宗"、联为一体，共同来对付社会主义苏联这一"洪水猛兽"，但他们低估了希特勒的疯狂性。当盟军进抵卢森堡、比利时和德国交界的阿登地区时，希特勒拼凑了20个师的兵力，于1944年12月16日晨5时30分，突然向盟军发动了进攻，盟军猝不及防，仅一周时间，德军就向西纵深推进96公里多。1945年1月初，双方发生激战，盟军形势不妙，丘吉尔不得不向斯大林求援。苏联为了支援西线盟军，把原计划1月20日进攻维斯瓦河—奥德河的战役提前了8天。苏军的进攻，迫使希特勒不得不把13个战斗力最强的师从西线调往东线，从而减轻了西线盟军的压力。西线盟军于1月28日把法西斯侵略军赶回德国边境，恢复了原来的战线。在阿登战役中，盟军伤亡7.7万多人；德军付出的代价更大，伤亡8.2万人。这场战役打乱了盟军进军柏林的时间表，使他们的计划推迟了6个星期，从而使美英军队抢在苏军之前到达柏林的计划成为泡影。这时盟军距柏林尚有480公里，而苏军距柏林只有60公里左右，并已做好了攻打柏林的准备。盟军鞭长莫及，只能徒唤奈何。

四是盟军缺乏后勤支撑，明显缺乏先于苏军攻克柏林的实力。美军主将布莱德雷认为：要攻取柏林，必须以重兵长驱北进，强渡易北河杀向柏林，如此漫长的距离将使盟军后勤供应异常紧张。全部机械化的美英军队对汽油的消耗巨大，为此将不得不停止盟军在德国的绝大部分攻势，腾出大部分汽油供给向北进军的部队。而苏军距离柏林已近在咫尺，在美军到达柏林之前，这座城市恐怕早已落入俄国人的手中。退一步说，即使苏军不能占领柏林，盟军要长驱直入攻占柏林，也绝非易事。德军肯定会在柏林方向集结重兵进行最后顽抗，而易北河到柏林之间的地形非常不利于盟军进攻。为攻克柏林，盟军的伤亡恐怕将非常大，因此布莱德雷认为进攻柏林是"以高昂的代价去沽名钓誉"，盟军不值得去冒这个险。

　　五是美军想保存实力对付日本，并想讨好苏联争取苏军也来对日开战。珍珠港事件使美国人对日本法西斯集团恨之入骨，此仇非报不可。因此艾森豪威尔在对德开战时没有忘记，由于美国的后备力量不足，兵力动员已很困难，对日作战补充兵员只能从欧洲战场来解决，因为，他率领的美军还要东赴太平洋对日作战。在与凶悍顽强的日军的浴血苦战中，美国大兵不知还要死多少人，因此迫切需要苏军在歼灭日军的大战中助美军一臂之力，而为先占柏林同苏军闹翻显然不值得。

　　六是一向怕死人的美军首领担心主攻柏林"伤亡太大"。4月15日，艾森豪威尔在易北河畔问美军主将布莱德雷："攻克柏林需要多大伤亡？"布说："至少需要牺牲10万人！"艾森豪威尔一听就心里发毛：自诺曼底登陆以来，美军一共阵亡13.5万人，而攻占柏林又要阵亡10万人，付出的代价实在太大了。况且，此时美军到达易北河的只是先头部队，大队人马还远远落在后面，兵力并不足以强攻柏林。因此，他决定先按兵不动。至于英国人的反对，他不怕，因为在对德作战的远征军中，英国的军队只占1/4，美军占3/4，美国的意见终究起着至关重要的决定作用。

　　斯大林高瞻远瞩，运筹帷幄，有理有节地把先攻柏林的胜果揽入怀中。

　　其实，早在1944年11月，苏军最高统帅部就基本确定了柏林战役的企图，以后根据战争的进程日益明确。随着红军离柏林越来越近，希特勒当局考虑到毫无出路的处境，有可能在西部战场停止抵抗，给美英军队放开通往柏林的道路，以避免把柏林交给苏军。因此，必须尽快发起攻打柏林的战役。

1945年3月29日晚上，应斯大林的召唤，苏联最高统帅部副统帅兼白俄罗斯第1方面军司令员朱可夫元帅，带着白俄罗斯第1方面军的柏林战役计划来到了克里姆林宫。

同往常一样，斯大林默默地同朱可夫握了握手，似乎是继续不久前中断的谈话似地说："德国的西方战线已彻底崩溃了，看来希特勒军队并不想阻止美英联军的推进。然而在同我们作战的各个重要方向上，德军却在加紧部署兵力。你看看这张图上关于德军的最新情况。"

斯大林抽着烟斗，盯着地图，猛吸一口烟，沉重地说："我看，将会有一场恶战。"

斯大林的分析是正确的。他一方面发动外交斗争，督促盟军加强在西线的进攻力度，牵制德军，防止德军把主要剩余力量全部集中到东线来，并一再及时地揭露和反对盟军妄图背着苏联与希特勒单独媾和先占柏林的阴谋，一再提醒盟军首脑们务必遵守雅尔塔协议；另一方面，他把苏军的两大主力——朱可夫的白俄罗斯方面军和科涅夫的乌克兰方面军全集中到柏林会战上来，并对这两大主力进行了合理分工。苏军在东线发动了气壮山河、席卷千里的"巴格拉季昂"战役，以雷霆万钧之势将德军赫赫有名的"中央"集团军一举击溃。同美英军队缓慢平推的笨拙打法相比，苏军强大的坦克兵团风驰电掣，在茫茫雪原上滚滚向前。在各路大军中，直捣德国腹心的是朱可夫和科涅夫的两个最强大方面军。这两路大军的220万雄兵势不可挡地前进，7000辆坦克和自行火炮迅猛碾过波德平原。苏军前锋很快抵达奥得河，柏林遥遥在望。苏军在这场人类历史上最壮观的进攻战中神速进展，再一次令美英军队目瞪口呆，使他们感到在这场竞赛中大势已去。正如统率美军主力的布莱德雷将军所说："苏联的攻势之所以令人敬畏，不仅在于有效歼灭敌人和进军速度。从1945年1月12日至2月24日，仅6个星期，苏军势如破竹，所向披靡，以秋风扫落叶之势，直抵奥得河，在南部直抵尼斯河……鉴于苏军在军事上取得了这么辉煌的胜利,从严格的军事观点看,我们想在占领鲁尔区后实现第二个目标——占领柏林,现在看来是非常渺茫的,简直是不可能的。"

1945年4月25日,苏联白俄罗斯第一方面军和乌克兰第一方面军在柏林西边的波茨坦胜利会师,终于完成了合围德军的战略任务。美英军队进入柏林的道路已被截断,希特勒想与西方盟军单独媾和的阴谋彻底破产了。

红军将士精彩上演"龙虎斗",高扬革命英雄主义旗帜,画上了苏德战争的句号。

斯大林手下有两员最心爱的猛将:朱可夫和科涅夫。在策划柏林会战的关键时刻,他接到了这两员名将的请战报告:都要求担任攻克柏林的主攻。知将莫如帅,他知道,朱可夫和科涅夫一直互相不服,在打败法西斯德国的最后一战中,都想来抢头功。面对这种互不相让的僵持局面,总参谋部的一些成员建议,由两个方面军共同担任主攻,发动对柏林的钳形攻势。如出一辙,朱可夫和科涅夫都把4月16日——列宁诞辰75周年纪念日作为柏林战役的发起日。

4月3日,两位方面军司令再次来到斯大林面前,各自陈述了自己的计划和理由。听完他们的汇报,斯大林慢慢地走到柏林地图前,拿起笔在乌克兰第1方面军和白俄罗斯第1方面军之间重重地画了一条线。这条线的起点是这两个部队的驻地分界处,终点是在柏林东南约60公里的吕本,从吕本到柏林还有约60公里的距离。斯大林却没有继续划下去,他转过身来郑重地宣布:"谁最先到达吕本,就让谁占领柏林。"

攻占柏林的最后战斗就要打响了。在作战会议上,朱可夫用十分激动的声音宣布:"让世界人民早日看到我们胜利的红旗在柏林飘扬吧!"这一天,正是希特勒的生日,尽管苏联红军已经兵临城下,希特勒依然以军事奇迹创造者的身份自居。为了鼓舞士气,他利用祝寿的机会,反复对他的高级将领说:"我仍相信,俄国人将在柏林遭到最惨重的失败。"他企图依靠20万卫戍部队和市内坚固复杂的防御工事拖延战争,等待外援,甚至幻想挑起美英联军和苏联红军的冲突,从中找到生机,无疑这只是一枕黄粱。

总攻开始了，苏军几万门大炮同时轰鸣，把大地也震得颤抖起来，炮火之猛烈使德军在半个小时内未能回击一发炮弹。这天早晨5点半，苏联坦克和步兵发起冲击，140多部大功率的探照灯把进攻的地面照得如同白昼，德军在强光的照射下，几乎睁不开眼睛，苏军乘机迅速前进。在柏林市郊的苏联红军展开了一场竞赛：每个攻入柏林的作战师都获得在德国国会大厦的顶上升起苏联国旗的荣誉，这被当成苏联取得最后胜利的象征。

苏军对企图突围的德军使用坚决歼灭的手段，另外，还特别在敌军可能突围的道路上加强防御，不让德军逃跑。苏军进入柏林市区后，出现白刃格斗。4月29日，战斗达到了高潮，苏军开始进攻象征德国最高权力机构的国会大厦。4月30日，苏军战士叶戈罗和坎塔里亚冲到希特勒的国会大厦主楼的圆顶上升起了胜利的红旗。下午3时，困守在深达15米多的总理府地下室内的法西斯头子希特勒看见大势已去，开枪自杀，结束了罪恶的一生。另外一个法西斯头子戈培尔和他的老婆在毒死自己的6个孩子后，命令士兵从身后开枪把他们打死，然后火化。

在16个昼夜的柏林战役中，苏军集中大量兵力和大炮、坦克、飞机等先进武器，共歼灭德军70个步兵师、23个坦克师和摩托化师，俘虏德军官兵48万人，缴获坦克和强击火炮1500余辆、飞机4500架，苏军也付出了伤亡30万人的重大代价。

5月8日24时，在柏林举行了德国投降签字仪式，参加签字的苏方代表是朱可夫元帅和外交部部长维辛斯基，盟军最高统帅部代表是英国空军上将泰德、美国战略空军司令斯巴兹和法军总司令德·塔西尼。代表德国在投降书上签字的是陆军元帅凯特尔、海军上将弗雷德堡和空军上将什图姆普弗。签字仪式由朱可夫主持。投降书从1945年5月9日零时开始生效，法西斯德国宣告彻底灭亡。

人类未解之谜

提前进攻：洋镐劈头敌胆寒

1950年11月1日下午，一直密切关注云山城内动向的志愿军观察员报告：云山城内人声鼎沸，车辆如梭，一片混乱，部队在向后移动。我39军以为云山之敌已经察觉被包围要撤退要逃跑。事后才知道，这是美军第1师第8团和南朝鲜第1师进行换防。心急如焚的39军指战员等不及原定于19点30分才发起的总攻，立即对敌进行了炮火准备，战斗于11月1日下午4点40分提前打响，顿时五颜六色的信号弹在昏黄的天色中腾空而起，各种火器发出的声音震荡着云山山谷。紧跟在炮火之后，志愿军步兵开始向云山之敌发起了猛烈冲击。

战斗是十分残酷而激烈的。根据美军的战史记载，志愿军的炮火猛烈，几乎看不出队形的志愿军的攻击队伍在各个方向上时隐时现，瞬间就冲到美军眼前了。在惨烈的混战中，347团的赵顺山、于世雄各自和美国士兵扭打在一起了。"那个美国兵很高，很胖。"赵顺山回忆道。就在脸对脸的瞬间，在火光激烈的抖动中，赵顺山看见"他的眼珠是黄绿色的"。搏斗中，和赵顺山扭打在一起的美国兵掏出了手枪，可赵顺山腾不出手来制止，于是他就喊："于世雄，快帮我把这家伙的手枪抢过来。"于世雄腾出一只手打掉了那个美国兵的手枪。可就在此时，与于世雄扭在一起的那个美国兵却趁机掏出手枪向于世雄的腹部开了枪。愤怒至极的赵顺山发现被自己压在身下的美国兵背后插着的洋镐，于是他用力拔出来，向压在身下的美国兵的头上砸下去。在美国兵惨厉的叫声中，压在于世雄身上的那个美国兵崩溃了，他愣愣地站起来，双手抱头就跑，但是他被受了伤的于世雄紧紧地抱住了腿。赵顺山说："我的动作更快，八寸长的洋镐已经举起来，穿过了他的手背，整个刨进了他的脑袋里。"

战斗打响后,志愿军如一股旋风掠过山谷,到处枪声一片,军号声大作。美军被搞得晕头转向,搞不清哪里是志愿军的主力,也搞不清到底有多少志愿军。

在11月1日夜晚的激战中,我116师346团4连发现敌人防御体系出现混乱迹象,便采取"浑水摸鱼"的战术行动,大胆实行穿插,结果一举抵达敌防御重心。当志愿军到达云山公路大桥时,守桥的美军第3营士兵竟把他们当成南朝鲜军,给志愿军让路,跟志愿军握手。4连官兵沉着机智,队伍过桥后,一直向美军营地中央走去。当行进到美军第3营营部附近时,队伍中突然响起了几声短促的小喇叭声,全体人员随着喇叭声在瞬间展开,向美军的帐篷和车队扑去。睡梦中的美军士兵便稀里糊涂地做了枪下鬼,公路上的车辆也在连续的爆炸声中起火燃烧。美军第3营营长奥蒙德听到枪声,走出帐篷,刚要开口发问,就被迎面扫来的子弹打倒在地。美军第3营指挥所顷刻间被消灭。剩下的美军失去指挥,一片混乱,各自为战。战至天明,剩余的美军被困在桥畔的一块稻田地中。美机此时赶来助战,在大桥四周狂轰滥炸。被围美军在飞机的掩护下,以坦克为核心,构成了一个方圆180多米的环形阵地,企图负隅顽抗。美国陆军战史描述当时的情景时说:"第3营陷入了一场'西部牛仔与印第安人式的战斗'。"一个美军老兵接下来回忆说:"当我听到远方的军号声和马蹄声,我以为还在梦乡,敌人仿佛腾云驾雾,从天而降。"

人类未解之谜

"皇家橡树号"沉没之谜

1939年10月13日午夜,在耀眼的探照灯下,一艘由德军上尉盖瑟·皮恩指挥的德国U型潜水艇悄悄地沿着英吉利海峡曲曲折折的海岸线,顺着斯卡帕湾的潮水前进。斯卡帕湾是英国舰队的驻扎地,在苏格兰东北部奥科内岛。皮恩此行的目标是英国海军的"皇家橡树号"战舰。而此时,在"皇家橡树号"上,1146名船员中有一多半都在香甜的睡梦中,根本没想到德军的U型潜艇已悄悄地逼近。

突然,斯卡帕湾宁静的夜空被三声巨大的爆炸声打破了。皮恩上尉发射了3枚鱼雷,这3枚鱼雷全部命中"皇家橡树号"。该舰受到了致命的打击,仅15分钟后就带着它的832名船员以及船长——海军少将布拉格若一起沉没了。

对于第三帝国而言,这是巨大的海上胜利。当皮恩和他的船员回到柏林时,受到了英雄般的欢迎,希特勒本人还亲手向皮恩颁发了武士十字勋章。

而在伦敦,海军对"皇家橡树号"在自己的基地被击沉感到非常丢脸,他们推断U型潜艇是在奥科内岛德国间谍的引领下进入斯卡帕湾的。英国反谍报部门——军情五处随即受到了指责。

军情五处向奥科内岛派出了精兵强将,试图查出这个狡猾的德国间谍。但是,搜查没有任何结果,这使得岛内每一个人都相信在自己周围存在着非常危险的纳粹间谍。

16个月以后,即1942年的春天,一家美国流行杂志《周六晚间报道》刊登了一篇文章,指出斯卡帕湾的间谍是德国海军前军官阿夫雷德·魏赫云中尉。根据该报道,魏赫云1928年加入德军情报部门后,一直待在斯卡帕湾,因为德军认为,斯卡帕湾是对英战争中的战略要地。魏赫云化名为阿尔勃特·奥特,并化装成一名瑞士钟表匠,在奥科内岛上开了一家小商店。潜伏了12年后,魏赫云终于等到了机会,他将斯卡帕湾的军事设施、令人难以预测的洋流以及航行障碍等详细情况汇报给了U型潜艇长官邓尼茨。

这篇爆炸性文章的作者是美国记者科特·瑞斯,他同时也是个谍报专家。他说,邓尼茨根据魏赫云发来的A-1情报,派皮恩指挥潜艇进入斯卡帕湾,袭击了"皇家橡树号"。魏赫云在斯卡帕湾的入口处登上了U-47潜艇,作为舰上的领航员引导潜艇进入了禁地,并且随着潜艇带着极大的成绩回到了德国。

"斯卡帕湾的幽灵"不知不觉间成了谍报学问中的成功例子,甚至连纳粹的高级官员们也对魏赫云出色的谍报成绩留下了深刻印象,盖世太保的头目之一塞林伯格把斯卡帕湾的成功看做是说明"谍报工作和军事行动完美合作"重要性的首要例子。

战后,军情五处的负责人科尔总参谋长写道:"德国人得到过一名间谍提供的最新情报。"在"皇家橡树号"被击沉6年后,英国迎来了和平,然而围绕这一事件的争论却仍在继续,海军部坚持认为魏赫云是嫌疑人。

许多英国记者来到奥科内岛,对这一事件进行了调查,结果却并未找到一个被认为是魏赫云的人,至少他从未被人见到过,而据说这个人一直以阿尔勃特·奥特的化名在奥科内岛伪装成一个钟表匠。

皮恩上尉也许能提供准确的情况,但1941年当U形潜艇在大西洋沉没时他就死去了,德国百姓是在6个月后才知道这一消息的。

因此,对于是不是真的有个长期潜伏在奥科内岛的纳粹间谍引领德国人击沉了"皇家橡树号",很多人抱有怀疑的态度,而事实的真相也随着"皇家橡树号"的沉没而永远埋在了海底。

人类未解之谜

关于希特勒骸骨的谜团

关于纳粹德国的头子阿道夫·希特勒的事情，可以说写多少字也未必能够说得清楚，他的一生留给世人的谜团实在是太多了，甚至在他死后，他的尸骨也让人感到不可捉摸。长期以来，希特勒尸骨的下落，一直吸引着人们的关注。是否真的如前苏联人所说他的尸体被人烧掉了？如果不是，那么他的遗骨到底埋葬在什么地方？这至今仍然是一个不解之谜。

1945年1月16日，希特勒从西线悄悄地乘火车回到柏林。鉴于盟军对柏林市中心进行了狂轰滥炸，党卫队将军紧急建议元首撤离总理府，将办公室和住处转入地下室。

比下水道还低20米的暗堡地下室，通风设备很差，又阴冷又潮湿，有的墙壁甚至发潮发霉，希特勒在这里住了105天。这时候，他基本上足不出户了，直到最后一星期，为了呼吸一下新鲜空气，他才在夜色的掩护下走出暗堡，带着他的爱犬到总理府花园散散步，以偷得暂时的清闲。

1945年4月26日，戈培尔带着夫人和6个孩子也搬进了暗堡，这意味着他们的末日即将来临。因为这时，苏军已攻到柏林郊外，柏林三面被围。

希特勒在4月22日中午召开军事例会前，就将政府地区（包括总理府和暗堡）交给近卫军的最后一名军官孟克少将指挥。希特勒对他说：

"孟克将军，你是职业军人，获得过一个德国军人在战场上所能获得的最高奖赏（骑士十字勋章）。现在我的生命掌握在你手中，我们从1933年以来就相识，我现在以军人对军人的身份最后一次要求你来指挥这座城堡。"

希特勒停顿了一下，以一种少有的坦率语气说：

"我曾希望能够在柏林至少活到5月5日，这是有直接原因的。"

孟克感到奇怪，好像到了那一天，元首将会永生似的。

但希特勒没有作出任何解释。他接着说：

"无论在什么情况下，你我都不能被活捉。当你感到军事形势已发展到使你无法再坚持20小时以上的时候，你必须亲自向我报告，我将承担一切后果。这是我的个人请求，也是一项命令。"

4月30日，躲在地下室的希特勒从收音机里听到了外界的最后一道消息：意大利独裁者、希特勒的侵略伙伴墨索里尼完蛋了，他和情妇同归于尽。4月26日，墨索里尼等打算从意大利北部逃往瑞士时，被意大利游击队捉住，两天后被打死。他们的尸体被装上卡车，运到米兰，抛在广场上。第二天，又被吊在路灯杆子上，被仇恨满腔的意大利人民痛斥辱骂。

当天晚上，希特勒在书房里召见了孟克将军。同往常一样，孟克开始简要的形势分析。希特勒默默地听了5分钟，当他知道苏军已打到距暗堡只有4条街的时候，沉默了良久，没有提出任何问题。

孟克为了打破这一极为沉闷的局面，说道：

"元首，我忠于对你的誓言，我以一个军人的身份告诉你，我的部队已精疲力竭，我无法保证他们能够再坚持一天以上的时间了。我预计明天即5月1日的拂晓，苏军坦克将发动大规模的进攻。"

希特勒黯然，他回答说："我知道你的部队打得很漂亮，我无可指责……我衷心地希望他们能坚持到5月5日，过了那一天，我也死而无憾了。"

孟克依然觉得难以理解。

希特勒显然察觉了他的困惑，便惨然一笑，自己解开了这个谜。他说：

"孟克将军，5月5日是所有军人应当怀念和传诵的纪念日。1821年5月5日，拿破仑死于圣赫勒拿岛，他的伟大事业同我的一样，是在幻灭、背叛和绝望中结束的。"

1945年4月30日希特勒自杀后，5月2日，前苏联情报部的克利缅科中校当即跟随前苏联红军一道来到了希特勒的地下指挥部。那些被俘的纳粹分子声称他们在一个炮弹坑里焚毁了希特勒的尸体并将残余的骨头分散扔掉了，这就是40多年来的正式说法。直到20世纪80年代末，戈尔巴乔夫领导的前苏联向两名美国电影导演公开了过去的一些电影档案资料后，才改变了这种说法。这两名美国导演在放映第29号盒里的资料影片时，发现了一个特殊的场面：一些红军士兵来到希特勒指挥部的大院里，在他们的脚旁躺着阿道夫·希特勒（或者是一个酷似希特勒的人）的尸体，额头正中有一个枪洞。

消息传开后，记者们兴致勃勃地进行了调查。他们找到了一名前情报部的官员，名叫奥尔洛夫斯基。他谈及的情况是：克利缅科中校是在5月4日才在一个炮弹坑里发现希特勒和情妇爱娃的被烧焦的尸体的，旁边还有那条他最心爱的狗的尸体。由于斯大林对希特勒是否真正自杀表示怀疑，所以必须对尸体进行必要的科学检测。尸体首先被运进一座监狱，经德国海军少将埃里希·福斯确认后，又将其运到巴赫的一家医院进行了解剖。希特勒的私人牙医的助手再一次确认尸体的真实性后，斯大林才放了心。

但是，前苏联人并没有烧掉这两具尸体，而是将其埋在医院附近不远的地方。后来，为了避免有人盗挖，情报人员接到了重新埋葬尸体的命令。于是，又将其移葬在拉特诺附近，此时，前苏联的情报机构就设在这里。几天以后，情报机构的总部转移到了马格德堡，希特勒和爱娃的尸骨又被带到了这座城镇。

20世纪80年代末，情报机构公开了一些秘密材料。一份被列为"绝密"的文件记载：希特勒和爱娃的骸骨被从拉特诺附近的森林中挖出之后运到了马格德堡，一天夜晚，被埋到了一间库房的地下，随后，前苏联人又在地面铺上了沥青。

这很可能是奥尔·冯·格里舍尔挖掘的那间仓库。然而，人们发现这个地方与前苏联情报人员透露的地点稍有不同，而且不是两具而是32具骸骨。至于希特勒和爱娃的骸骨，据前苏联情报人员称是埋在一个油沟里，地面上铺上了沥青。

为了解开这个历史之谜，德国当局决定继续挖掘，然而又十分担心由于尸骨的出土，会引起一些本可避免的政治麻烦，因为希特勒至今仍是一些极端分子的偶像。

不管怎样，希特勒的骸骨在战后很长一段时间都是人们所关注的一部分。其实，关于这点似乎也没有什么太大的意义，重要的是，他所创造的那个帝国真正的从世界上消失了，这才是人类文明的胜利。

林肯被刺背后的隐秘

亚伯拉罕·林肯是19世纪中期美国北方资产阶级民主派的代表人物，也是美国历史上的第16任总统。他在任职期间提出了废奴主张，并领导美国人民取得了南北战争的伟大胜利。

1860年11月，林肯成功当选为美国第16任总统。南方诸州不满这一结果，在其上台后的3个月中，先后有11个州退出联邦，组成新美国政府，选举出总统和副总统，并制定了新宪法。奴隶主分裂了联邦，并开始公开叛乱。

美国国内形势十分危急，内战一触即发，北方政权岌岌可危，宣誓就职后的林肯面临着严峻的考验。1863年4月12日，萨姆特要塞一声炮响，南北战争拉开帷幕。

战争进行了一年，但战场上的情形却几乎没有进展，也没有解决黑奴问题，原因是林肯政府一直认为，战争只是为了维护宪法和联邦的统一。当时的林肯综合各方面的意见，做事非常谨慎，认为立刻废除黑奴制不妥。人民与资产阶级左派对他的做法感到不满，并不支持他。

1864年元旦，林肯签署了"联邦成立以来美国历史上最重要的文件"——《解放奴隶宣言》。此举赢得了全国人民与资产阶级左派的支持，并因此扭转了战争局势。

1865年4月，美国内战终以北方的胜利而告终。林肯开始忙于战后的重建工作，他希望总统任期结束后，能回家乡去开一个律师事务所，但他的愿望没有能够实现。

1865年4月14日晚，林肯邀请格兰特将军及夫人去福特剧院观看歌剧《我们美国的表兄弟》。在去陆军部的路途中，林肯忽然有一种不祥的预感，他停下车犹豫起来，觉得自己是不是应该取消去剧院的计划，但很快便放弃了这个念头。为了自身的安全考虑，他亲自要求作战部长斯特顿派一个名为埃克特的陆军上校来做自己的保卫，但斯特顿通知总统，埃克特早已在当晚安排了任务，后来只得委派一名叫布莱恩的军官做总统当晚的警卫官。

演出十分精彩，剧情慢慢发展到高潮，此时有人悄悄走进了总统的包厢。不久传出一声枪响，子弹击中了林肯的后脑，林肯应声倒下再也没有醒来。4月15日清晨7点22分，是一个令人伤感的时刻，虽然医生全力抢救，但仍是回天乏术，林肯总统命赴黄泉。

△ 亚伯拉罕·林肯

凶手枪击林肯后，在慌乱中急于逃跑，不慎碰伤了自己的脚，警察沿着血迹找到凶手，凶手因拒捕被前来围捕的警察开枪击毙。

刺杀总统的真凶究竟是什么人，他怎么能在有警卫的情况下溜进包厢？人们希望对这些问题能有所了解，可直接犯罪嫌疑人已被击毙，只好通过其他途径来了解事实。

一番调查之后，事情终于初现端倪。凶手是一位名叫约翰·威尔克斯的职业演员，据说在内战爆发初期，他是站在北方这边的，但后来却突然支持南方政权。他曾不止一次地对人说，有朝一日一定要杀死林肯，这样不但一下子除去了这个新执政者，而且会使自己出名。他刺杀总统的原因真的如此简单吗？当然，这只是官方的调查结果，官员是这样向民众解释的。但很多人都不相信这种说法，他们认为刺杀总统一案一定是一个阴谋，有不可告人的玄妙内情。

林肯在去剧院之前曾有过不祥的预感，而且还对作战部长点名要求埃克特陆军上校担任自己的警卫，作战部长说埃克特上校当晚要执行别的任务而改派他人。事实上，埃克特那晚根本就没有执行什么任务，他在家里待了一晚上，作战部长为什么要说谎？后来派去顶替埃克特的布莱恩，一向行为不轨，认识他的人都对他没什么好印象，但林肯夫人却亲自点名要他保卫林肯，其中是不是藏着什么玄机？至于对凶手的追捕，抓活口不是不可能，可最终却把唯一的直接参与者击毙了，是谁开枪打死他的，又是谁下命令要把凶手杀死的呢？更令人奇怪的是，在后来的凶手缉拿报告中，人们惊奇地发现上面居然写着：凶手系自杀身亡。

一般认为，林肯遇刺的原因是他的举措对南方不利，激怒了南方叛党，而且他在南北战争中，成功领导北方打败南方，取得了反对南方分裂运动的胜利。南方叛乱分子对他恨之入骨，欲除之而后快。

1861年3月4日，林肯准备到华盛顿宣誓就任美国第16任总统。当他从家乡前往华盛顿时，美国南方特务便计划在路上刺杀他。林肯事先得到风声，从另外一条路来到了华盛顿，避免了这次暗杀。林肯就任后，南方叛党开始进行更为频繁的谋杀计划，一心想将林肯置于死地。他们甚至在报纸上刊登了一则广告"我愿意前往华盛顿击毙林肯和西华德，只要联邦政府出资100元作为我的酬劳。有意者请函信箱119号"。由于经常发生恐吓事件，林肯周围的人非常担心他的安全问题，他们经常提醒林肯要小心。面对这一切，林肯表现得镇定自若，他用了两个大纸袋把恐怖分子寄来的恐吓信都装在里面，并在纸袋外面写了"暗杀"两个大字。虽然他表现得满不在乎，但早已有心理准备。

林肯是一个政治家，在那场关系到国家生死存亡的南北战争中，是他领导美国人民取得胜利的，他给黑奴带来了崭新的生活，却在和平时期的子弹下丧生。

1926年，林肯的儿子罗伯特·托德·林肯离开人世，他去世之前，把父亲的一些私人文件付之一炬。他告诉朋友，他要把那些文件毁掉的原因是这些文件里有内阁成员犯有叛国罪的证据。现在人们已无法得知他所说的情况是否属实。如果是真的，罗伯特为什么要将这些证据焚毁呢，为什么不向世人公开呢？这成为林肯之死的谜中之谜。

马丁·路德·金之死

1968年4月4日傍晚，美国南方基督教领导会议主席、诺贝尔和平奖获得者、美国黑人民权运动领袖马丁·路德·金博士在美国田纳西州孟菲斯市的洛兰停车场旅馆306房间用过晚餐，走出房间来到阳台上，看到前来接他去参加晚间集会的车已经停在院子里。他向司机打了个招呼，表示自己马上就可以动身了。正在这时，随着一声震耳的巨响，一颗罪恶的子弹飞来击中了金博士，马丁·路德·金应声倒在了血泊中，再也没有醒来。刺杀事件在全美产生了极大的震动，金的继任者沉痛地表示："金的被杀是人类历史上最黑暗的一页。"金的被杀简直激怒了成千上万的美国黑人，痛失自己种族领袖的黑人们失去了理智，在4月4日晚，美国20多个大城市同时爆发了规模空前的黑人示威活动。一周后，黑人骚乱扩大到168座城市。为了平息黑人的情绪，美国联邦调查局的侦探们忙得不可开交，到处搜捕罪犯的踪影。

通过调查发现，凶手是从洛兰停车场旅馆对面的一家出租公寓的房间内开枪的，旅馆登记簿上显示当天入住的是一位名叫约翰·威拉德的男子，案发后这个人便了无踪影。不久，警方在距离公寓不远的大街上捡到一个包，里面除了装有一架望远镜、一台收音机、两个空啤酒罐和一些零星物品外，还有一支口径30.06毫米的"雷明顿"牌步枪。根据指纹分析，很快查清凶手是一个名叫詹姆斯·厄尔·雷的惯犯，曾以偷窃、抢劫等罪名被捕，最后的一次是因持枪抢劫被判处20年监禁，后来从监狱中逃出。当时雷已经逃到了国外，在国际刑警的协助下，美国联邦调查人员费了一番周折，终于在英国将雷正式逮捕归案。

1969年3月7日，孟菲斯法庭开庭审理了马丁·路德·金被暗杀一案，在法庭上，雷对所犯罪行供认不讳，审讯进行得异常顺利，最后法庭作出判决，判处詹姆斯·厄尔·雷监禁99年。表面上看来，这桩震惊世界的谋杀案就这样了结了。可审判刚刚一结束，雷似乎就后悔了，他坚持自己是无罪的，并要求重新审理此案。实际上在此之前，人们就在雷身上发现了许多疑点。

詹姆斯·厄尔·雷为什么要谋杀金博士？他只是一个三流窃贼，第一次偷打字机时把自己的存折丢在作案现场；逃避警方追捕时，虽然躲到了电梯间里，却又忘记关上电梯门；抢劫杂货店后驾车逃跑时，又因为急转弯而被甩出车外；两次越狱都被当场抓获……但是就是这样一个笨蛋，后来却莫名其妙地越狱成功，并到处旅游，过上了挥金如土的富裕生活。人们不禁要问：他的钱是从哪里来的，越狱后的雷为什么会突然变成了一个老道的杀手，逃离旅馆时带走了所有物品？虽然在后来他把它们扔到了大街上有些不太高明。而在离现场不远发现的步枪，联邦调查局只能证实杀害金的子弹是从这种型号的枪中射出去的，是否就是杀害金的那一支，却没有足够的证据。此案的疑点那样多，雷为什么会在法庭上一口承认是自己杀了金？

根据金遇刺前后的事态发展，甚至有人认为美国联邦调查局也卷入了这个案件。早在20世纪50年代，联邦调查局就开始注意马丁·路德·金的一举一动了。后来他们认为金是一个受了共产主义影响的危险分子，还在1964年制订了专门的"消灭金小组"计划。当马丁·路德·金获得诺贝尔和平奖之后，据说当时的联邦调查局局长胡佛还派人送去一封恐吓信，要他在拿到奖金之前"自毙以谢国人"。虽然人们都知道联邦调查局对金的政治活动采取过许多卑劣手法，但谁也拿不出确凿的证据来证明联邦调查局参与了这场谋杀。

而雷从判刑后就一再为自己喊冤，对法庭做出的"凶手是单独作案，不存在任何密谋"的判决不服，认为自己是被卷入了一起杀害金的阴谋当中了。可是，当特别委员会被迫重新开始调查时，雷又说不出这起阴谋是怎么回事，也无法指认出阴谋的其他参与者。

看似简单的马丁·路德·金遇刺案其实并非那么简单，几十年的光阴一晃而过，仍然无法破解。糊涂笨贼詹姆斯·厄尔·雷成了刺杀案的凶手，尽管他从来没有供认自己的动机，但却为这件事在铁窗中度过了自己的漫漫余生。

刺杀里根的凶手之谜

1981年8月3日,美国华盛顿,细雨如牛毛。下午1点45分,总统里根在坐满了白宫特工人员的"战车"的护卫下,乘坐林肯牌防弹轿车前往希尔顿大饭店。

突然,一个身穿棕褐色雨衣的金发青年,在众人不及反应的情况下,拔出手枪连射里根两枪。

35岁的开枪者、现场唯一的杀人犯名字叫做约翰·欣克利。

欣克利被美国政府起诉犯有非法购买、拥有、使用武器和谋杀总统,击伤麦卡锡、布雷迪、德拉汉台等13条罪行。根据美国宪法,欣克利应被判处无期徒刑。

欣克利的父母在他被捕后的第五天发表声明说:"约翰是无辜的,因为他有精神病。"因为根据美国法律,精神不正常的人对其行为是不负法律责任的。然后,为了给欣克利辩护,他的父母又高价聘请了精神病专家和律师。

为了确认欣克利能否接受审判,由法院专

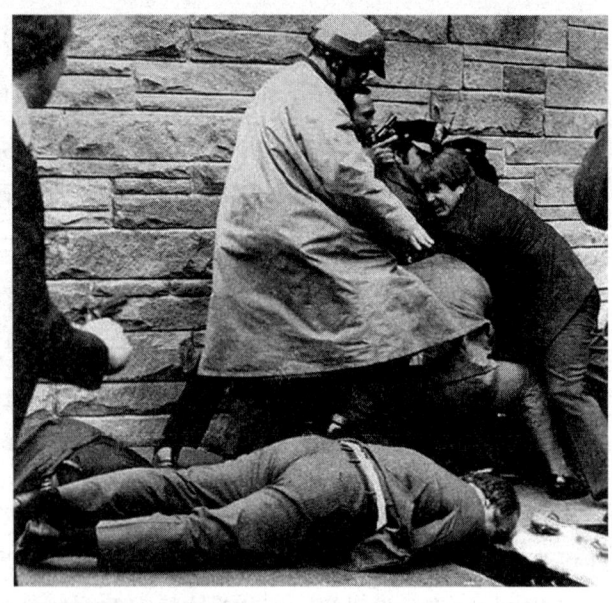

△ 刺杀里根总统现场

门指定的精神专家对欣克利进行了细致的检查，专家认为：欣克利完全正常。但欣克利的律师反对说：应由被告选择的专家来进行这一类的检查。显然这个意见被地区法院的首席法官驳回。

实际上，很难确定欣克利是不是在正常的精神状态下对里根开枪的。于是，**整整拖了1年的时间**，在1982年4月27日，美国联邦法院才宣布成立大陪审团公开审理此案。

审判开始时，首先是听证会。为欣克利辩护的有4名律师和6名精神病专家。欣克利曾经的寡言少语、无头苍蝇式的乱窜、文法不通的情书和毫无逻辑的电话、稀奇古怪的日记、反复无常的脾气，所有的这些表现，都成为他们证明欣克利是在"精神错乱"情况下开枪的有效证据。而根据美国法律，欣克利应被无罪释放。最后判决"精神错乱，无罪。"

里根夫人南希听到消息后说："太没有道理了！"里根并没有多说什么，但司法部长威廉·史密斯则公开说："必须结束那种让犯暴力罪的人利用不清楚的程序开脱罪责的陈旧法律，让危害社会的人又回到社会中去，这也是不可饶恕的。"

"拖延执法就是违背法律。"这是美国法律的一个重要原则，而欣克利枪杀案发生1年多才审判，最终却以"神经错乱"为由被无罪释放。难怪一家报纸用了这样一个标题"精神错乱的欣克利，发疯的公众"。

中国有罗马人的后裔吗

1998年秋,国内多家媒体报道:"近日,中国考古学者在甘肃发现了近百名形貌酷似欧洲人的当地农民,据有关专家考证,他们应该是2000年前古罗马远征军残部留下的后裔,"掀起了新一轮的"罗马人热"。

据史料记载,公元前53年,即西汉甘露元年,罗马帝国执政官克拉苏集合了7个军团的兵力,发动了对安岛(今伊朗一带)的战争。罗马军在卡尔莱遭到了围困,克拉苏被俘斩首,唯一突围而出的克拉苏长子普布利乌斯率领的第1军团6000余人回国无路,便寻机东移,越过安岛东面边界,流徙西域。经过多年辗转,罗马人一部分归于康居,一部分归于大月氏。后来,康居将这支军队借给匈奴郅支单于,公元前36年,汉朝西域都护府陈汤、甘延寿将军率领军队征讨匈奴,克郅支单于,收降罗马人。汉文帝下诏将罗马人安置在番禾县南照面山下,置县骊靬。后来,大月氏发生内乱,寄身大月氏的罗马人就转移至骊靬县。汉人称罗马人为骊靬人、大秦人。隋文帝开皇11年,即公元592年,鉴于骊人已被汉人同化,文帝下诏将骊靬县并入番禾县,骊靬县存在了628年。

世事沧桑,这段史实被重新提及,已是在1947年,英国汉学家德效谦在其《当代中国之骊城》一文中认为,"中西文化的结合产生了骊靬",以骊靬国名为县名,其必然与元有所关系。高骊靬最早出现在西汉的版图上,正是罗马帝国向安岛要求遣返战俘的时候,这绝非历史的巧合。

1988年,记者出身的澳大利亚学者戴维·哈里斯为寻找卡尔莱战役中古罗马帝国溃逃残部的下落赴兰州考察。他和西北民族学院历史系教授关意权、兰州大学历史系陈正义等人一起,经实地考察和查阅了大量史书,从《汉书·陈汤传》中,有关一支"土城外有重木城"拱卫,"夹鱼鳞阵,讲

△ 骊靬古城

习用兵"的奇特军队的记载，提出永昌县境内的骊靬遗迹是古罗马军团一支溃军的安置地。这座古城在现在的甘肃省永昌县者来寨村。这一研究引起了全世界的注意，寻找古罗马人后裔的工作开始了。

据报道，在者来寨村附近的杏花村发现了一根1丈多长，四周嵌有几根1尺多长的木杆的粗大圆木，被文物专家认为极有可能是古罗马人留下的"土城外修木城"的器物，者来寨村的居民形貌也像欧洲人等。

但是，当地人却对此说法很是不屑，他们认为自己是地道的汉人，说他们像欧洲人是无稽之谈，那根粗大圆木，当地人根本没见到过，现在也不知所踪。

另外，从资料上看，可能生活在者来寨村的古罗马远征军的人数应该在150到1000余人之间，最多不超过6000人，而且以男性为主，这些古罗马人生活在此，必然会留下语言文字、姓氏习俗、器皿甚至兵器等物遗存，但目前似乎缺乏这些遗存的发现和发掘，因而难以令人确信。

还有的学者提出，可以对当地居民的血样作DNA比较分析，不仅可以测定出他们是不是有欧罗巴人的血缘关系，甚至连是欧罗巴人的哪一支都可以测出来。

结果如何呢？让我们拭目以待。

罗得巨像散落在哪里

希腊邮票上的罗得巨像，太阳神赫利俄斯穿着短裤，头戴太阳冠冕，左手按剑于腿上，右手托着火盆在头顶，双腿叉开立于两座高台上，背后是海港，胯下是航道出入口。

传说，太阳神巨像跨立两岸，船只从其胯下自由出入，那样的巨像该有多大？据说神像高约32米，以450吨金属铸成，站立的石座高达四五米，巨人的手指头有凡人合抱之粗，大腿中空可居住一家人。

但如今游客来到罗得市码头，只见两座圆形石台上昂首挺立的是两只铜雕小鹿。据说，石台就是神像站立的位置，鹿是罗得岛的象征。那么，人们是根据什么来描绘太阳神的形象，又何以能知悉它的高度和重量？

罗得巨像最早的记载见于公元前2世纪，意大利西顿作家安提帕特的《世界七大奇观》。他说，青铜巨像立于高平台上，"高70肘（合今32米），费时12年，所用的300塔兰（合今约450吨）金属取自季米特里弃置罗得城下的攻城器械"，他是太阳神巨像存在的同时代人，所述最具权威。

后来的文献也有过这样的叙述："艺术家用白大理石制作基座，让神像双脚踝骨以下部分固定在基座下。单是基座的高度即已超过其他所有雕像。""即使两人也合抱不住大脚趾，现时的雕像（指今鹿雕）还不及罗得巨像一个指头大。"

后来的旅行家、史学家、画家凭其想象描述了一个个巨像的模样。11世纪初的一幅图画，太阳神被画成裸体男子，左手按矛，右手握剑，矗立在海浪翻滚的高柱上。1394~1395年到过罗得岛的马尔通尼写道："从前这尊神像很大，他一只脚踏在防波堤上，另一只脚踏在半岛上，那里现在是磨坊。两脚相距一千步之远。"1480年，比利时人科尔森在其《罗得斯史》中说：

△ 罗得巨像复原图

"他叉开双腿站着，无论大小船舶都得从他两腿之间通过。"1572年荷兰人马丁对上述形象略作更动，一手改持火炬，赋神像以灯塔的职能。现代希腊邮票和各种出版物，便以此模式绘出。

罗得岛是希腊古文明发源地之一。一则神话这样写道：远古时代，希腊诸神争夺神位而混战，宙斯成了最高之神。宙斯给诸神分封领地，唯独漏了出巡天宫的太阳神赫利俄斯。赫归来时，宙斯指着隐没于爱琴海深处的一块巨石，封给赫利俄斯。巨石欣然升出海面，欢迎太阳神来居住。太阳神以爱妻之名命名那里为罗得岛，分封卡米诺斯、莫诺利索斯、林佐斯3个儿子在岛上，各自建立自己的城邦国。

后来的历史渐渐失去神话色彩。公元前408年，3个城邦统一为罗得国，控制爱琴海几个岛屿，向地中海沿岸移民，引起雅典、斯巴达、马其顿、波斯人的忌恨和恐慌。

公元前305年，波斯的季米特里国入侵罗得岛，全岛居民撤守罗得城。围困一年未能攻陷，波斯人只好撤围离岛。因走时匆忙，将攻城装备和大批兵器遗弃于城下，罗得人感谢保护者太阳神，决定将收集的金属器材铸造一尊神像。他们请来雕塑大师哈利塔斯，熔化了全部金属，铸成特大铜像立于港口，雄镇海疆。

罗得巨像建于公元前292～280年，历时12年完成。像为青铜外壳，内用铁加固并用石块加重，表现太阳神赫利俄斯的形象。要给如此巨大的神像制作模型并进行浇铸，需要极高的工艺技巧，即使现代也是有相当的难度。那么，当时的罗得国人又何以能有如此创举？

巨像坠倒的时间确认在公元前225年。在一次大地震中太阳神像坍塌，倒在原地。这就是说，神像立于基座不过55年。这可能是罗得巨像记载不详，流传不广的原因之一。

巨像倒地后断成几截，后人记载称："底座只剩下巨像的双脚，其他部分全散落地上，露出中间的铁质骨架。"罗得人认为这是"神的意志"，不愿再加以修复。后来罗得城从破坏中复苏，繁荣不减当年，要复原巨像毫无问题，然而再也找不到像哈利塔斯那样的艺术大师，只好听其自然让它长眠在地上了。

巨像散落后，为何消失得无影无踪？此谜有三解：一、公元653年，阿拉伯人占领罗得岛，看中了神像残骸的巨大物质价值，击碎躯体，搬走碎块，运往意大利，变为废铜出售；二、难道铜像残骸真的躺在地上达887年之久才被阿拉伯人拿走？不大可能。大概坠地不久便被入侵者或当地人就地熔化掉制成其他器械；三、铜像可能被人盗走，贼船在海上遇风沉没了。

罗得岛从公元前2世纪开始，历经罗马帝国、拜占庭、阿拉伯、土耳其的统治。罗得人视太阳神像为圣物，肯定不会自行捣毁。只有信奉基督教、伊斯兰教的外族，才会将"异教"的偶像摧毁。在罗马帝国时期，恺撒、庞培等帝王、贵族都曾到达罗得城游览，他们对太阳神巨像的精巧与庞大惊叹不已。既有惜宝之心，罗马人就不可能当废金属处理掉，很有可能运回本土收藏起来了。12世纪的编年史，记载了阿拉伯人捣毁巨像的细节：阿拉伯人用粗绳系住巨像残腿，用力把它拉倒在地，将大块残体打碎以便于搬运，甚至就地起炉生火，将碎铜熔为锭块。在整个搬运过程中，阿拉伯人动用了980匹骆驼才将金属碎片运完。上述记录属于追记，并不全然可信。但加强了阿拉伯人毁灭铜像的可信性，排除了就地熔化铸为其他器械或盗运沉海的两种猜测。搬运使用了骆驼，金属残片显然是从陆路运走，即从罗得岛渡海运到最近的土耳其大陆，再以骆驼运到阿拉伯某地。若运去意大利出售，必然要装船海运，哪里还用得着骆驼？然而，这仅仅是猜测而已，太阳神巨像的下落就像谜一般的给千年岁月抹上了一层神秘的色彩。

笑能唤醒幸福基因吗

如果血液中的血糖量过高，人就会患上糖尿病，并引发动脉硬化、神经障碍等严重的全身症状。为了尽量降低血糖，患者不得不强忍着美食的诱惑，并进行乏味的运动，有时还不得不注射胰岛素和服用药物。但是最近获悉，通过开怀大笑，有可能把患者从痛苦的生活中解放出来。

血糖是大脑和肌肉的能量来源，如果过多就会引发疾病，但是过少也会令人昏昏欲睡。因此，身体在时刻不停地监视血糖值，并努力使其保持稳定。这时起作用的就是被称为荷尔蒙的蛋白质。胰岛素是命令器官和组织"消费血糖"的干将。但是，身体要想作出反应，还要有很多其他种类的蛋白质发挥作用，像传话游戏那样，把命令传达到全身，还有把脾脏细胞"唤"入血液中，使其消费血糖中的蛋白质。

笑的实验表明，人在笑时胰岛素会增加，产生的有利于降低血糖值的蛋白质比平常要多得多。筑波大学临床医学系庄教授指出："快乐的心情能够使大脑中的一种遗传基因开始工作，从而改变整个身体的生理状态。"

癌症患者如果看对口相声和喜剧表演，被称为NK细胞的免疫细胞将会增加。先天性过敏性皮炎的患者看完外国的喜剧电影后，皮肤的溃烂程度减轻了。

不过，现在获得的报告都只是症状证据。像血糖实验那样，能够明确证明笑可以产生治疗效果的证据还很少。

现在科学家已弄清，笑能够立即产生效果。如果"每天吃饭后看30分钟幽默录像，也能够控制血糖值"，单是这个消息对患者来说也是一个很大的福音了。尽管如此，在大笑实验中能够唤起的只是能够减轻病情的"健康遗传基因"。

有没有能够使没有病的人变得更健壮的"幸福遗传基因"？

一位3岁就患上糖尿病的男性患者（33岁），因不听嘱咐而惹得家人发脾气，从而受到了罪恶感的折磨。"甭管治还是不治，结果都一样。为什么不让我在3岁的时候就死去呢？"最终他灰心丧气，放弃了所有治疗。

某医院内分泌科医生让这名患者入院治疗，并细心地询问："身患糖尿病活下去痛苦吗？""你是否认为因为疾病使很多精神和肉体的能量都被夺走了？"他利用糖尿病患者普遍拥有的20项负担感指标来测定患者的情绪。

第七天，这个患者说："我想吃凉粉和魔芋。这是不是很了不起？"医生夸奖了他的这个想法，这个男子开始注重自己的饮食，并且在一周后开始注射胰岛素，1个月以后他开始自测血糖值。

这名医生指出："如果情绪的遗传基因体系不出现改变，那么这个患者的想法是不可能在这么短的时间内就发生180度的转变的。"

重要的是患者依靠自己的力量获得了乐观的情绪，受到了周围人的好评，从而产生了幸福感。在一瞬间，"幸福遗传基因"就被唤起了。有的人确信，在大笑能够唤起的遗传基因中，是可以找到幸福遗传基因的线索的。

人体转世之谜

事情发生在1979年4月的一天，广西田阳县田州镇有一个名叫黄河的4岁小男孩。平时这个孩子贪玩好动，可有一天早晨，他从床上一爬起来，没有马上跑到外边去玩，而是很认真地对母亲说："我做了一个梦，梦见在河里游水时被大水冲走了，我就喊'救命啊！'后来一个老头救了我，可我找不到家，于是就哭，后来老头就领来两个人让我喊他们：'爸爸、妈妈！'我一看是你和爸爸来了，一高兴就醒了。"

听了儿子的话，母亲并没在意，以为小孩胡说八道，只是笑了笑，没搭话，又忙家务去了。小黄河见妈妈没理他，他又跑到外公跟前说："外公，我从前还有一个家，在那坡镇。我那边也有爸爸、妈妈，还有3个哥哥呢。"外公也只是笑外孙说傻话，也没有相信他的话。可是，在以后的日子里，小黄河仍不时向家人讲起自己在那坡镇的家，还说出了父母、哥哥的名字来，令一家人感到奇怪。

后来，黄河的妈妈从别人那打听那坡镇的情况，果然与黄河讲的一样。为了将事情搞清楚，妈妈带黄河亲自到那坡镇去了一趟。这下可好，这件事在那坡镇引起了轰动，因为黄河到来后认出了这里的父母和哥哥，还有同学，不过同学都十七八岁了，与他这个尚没有入小学的孩子来比，真令人发笑。

至于黄河为什么能转世再生，这仍是一个谜团。

人体发胖的根源

自从人们认识到肥胖的危害以来,许多胖子都要减肥。而医生提出的主要治疗方法就是让肥胖者节食。然而,无数事实证明,节食减肥通常失败。那么,人体"发福"的根源究竟在哪里?

有人认为,肥胖的人体内有一种"致胖基因"可使肥胖症遗传。比如美国亚利桑那州的皮梅族印第安人,有85%的人是胖子,而且代代相传。而有些家族在这里是瘦子,搬迁到别处却又发起"福"来,这又该怎样解释呢?事实上,大约只有10%的胖子是遗传的。

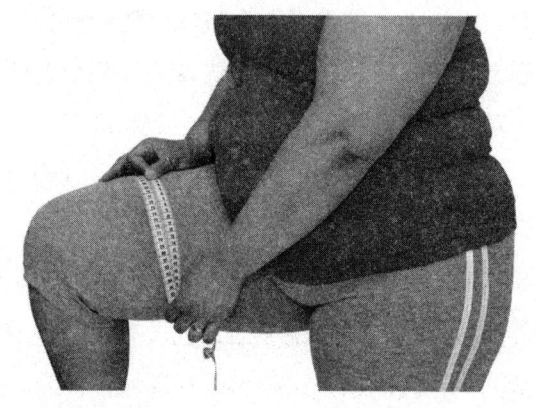
△ 肥胖真的是遗传吗

美国麻省理工学院一位女学者认为,人的胖瘦与人体内的五一羟色胺含量高低有关。这种五一羟色胺能够降低食欲,因而有一部分胖子可能是由于体内产生的五-羟色胺过少而食欲大增所致。

究竟是什么原因导致人们"发福",目前仍众说纷纭,没有一个完美的解释。

为什么人看起来大部分是固态的

成人的身体大约含有55～60%的水分,但是身体里有些部位的水分要比其他地方多。大脑和皮肤的70%是水,血液中的82%是水,肺中的90%也是水。

人体看起来大部分是固体形态,这是因为水包含在细胞或器官中,如果没有它,我们生存所必需的化学反应就不能发生。流动性同样使细胞成形,如果所有水被冻干并被转移走,我们就会变得相当萎缩。

我们的血液中同样有很多水,与大量的血细胞混合在一起,例如血红蛋白、白血球、血小板等。水使血液具有流动性并使血液能通过血管遍及身体的所有部位,完成必不可少的生物功能。

为什么香槟里的泡沫会使人醉得更快

我们知道,酒精分子很小,因此能很快能被血液吸收。气泡是由二氧化碳产生的,它通过搅动嘴巴、胃和肠道里的酒精从而使吸收更快。在一次关于无沫香槟和泡沫香槟的实验中,喝无沫香槟的人最后只有一半的酒精在他们的血流中。

喝香槟的时候,用一个宽口的浅杯子来减少泡沫,又高又窄的杯子会抑制二氧化碳的逃逸从而保留了酒力。

人真的有特异功能吗

1979年3月11日,在四川省大足县发现一个能用耳朵识字的儿童。

《列子》中记载:在战国时,陈国有个老子的弟子名叫亢仓子,看东西和听声音时不用眼睛和耳朵,坐在家里却能知道千里以外的事。

《梦溪笔谈》中说:山阳地方有个女巫的巫术非常灵验,凡是人间之物,虽在千里之外,她都能说得出来。

但是人体是否真的存在特异功能呢?

有些专家认为,所谓人体特异功能只是骗局,许多特异功能只是属于魔术把戏,人类不可能有遥视这类特异功能,更不能夸大人的思维作用"意念搬物"的功能。

另一些专家则认为,在大量的特异功能现象中,除了一些属于魔术游戏之外,还的确确存在着令人难以置信的特异功能现象。他们认为,在脑的记忆容量达1015比特信息,大体相当于7.7亿册藏书积累的信息量,比计算机的最大容量还大上千万倍;人脑含有100～150亿个神经元,还有数量更大的神经胶质细胞,而平均重量只有1.2千克,体积仅1.5立方分米,需要的功率也只有2.5瓦。在这神奇的大脑里,蕴涵着许多人类的未解之谜。所以,人有些特异功能也是完全可能的。不仅如此,他们还解释说,神农氏时没有先进的化学分析手段,不会有动物实验,为什么他尝百草便知其药性,也许他就是具有特异功能的人;扁鹊为什么可以准确判断齐桓公身体上邪气袭入的部位,也许扁鹊上有透视的特异功能。他们还对具有特异功能者的身体各项指标进行生化、电磁等实验,并取得了一些成果。

我们相信,将来随着科学家们研究的深入,将会解开这个人体特异功能之谜。

心灵致动术之谜

人们把人用意念的力量作用于物体并使之发生位移的这种假定的能力称作"心灵致动术"。

20世纪30年代人们开始研究心灵致动术。在这之前,在报刊中,通常在"奇闻趣事"栏目中就能见到有关某些人的不可思议的能力的报道。人们肯定他们能够用意念的力量把火柴盒、碗、烟灰缸升起并悬在空中,能够弄弯勺子、打开抽屉、让钟表和有轨电车停止运行。他们还能够驱散云彩,或是相反,呼唤来风雨。这些类似的实验的表演不仅在马戏场或市场的广场上进行,还在豪华别墅的客厅里举行。

神秘的气氛,对未知的、超自然现象的期待似乎提前预示了此类实验的成功,据目击者说他们的确看到空中悬着雪茄和书本,看到钟摆停了下来,铅笔在桌面上移动。美国的研究者H·赖因甚至想出了用一副扑克牌来进行专门的试验,让那些可能具有了心灵致动术的人心想并打开需要的牌。以心灵致动实验著名的乌里·黑勒在观众眼皮底下用"意念的力量"弄弯了餐叉和匙子把儿,给钟表上劲,或让钟表停下来。H·库拉基娜用相同的方法对堆成圆堆的铝锯屑施力,把它们从外围移向中心再返回。还有些人会"迫使"米尺在地板上立起,或是不用手就能在桌子上移动装水的玻璃瓶。

人们把意念移动——即瞬间或以快速的、看不到的速度在空间移动物体也列入这类心理现象。该术语是研究者恰尔里兹·福埃特1930年首次使用。有些传说还谈到人能奇怪地消失,而在同一秒钟内他们出现在几千千米外的地方,连他们自己也不知所以然。

这些现象与已知的科学定律背道而驰。所以,要想给心灵致动和意念移动是否存在,或是否可能的问题作出结论,还需要科学家们进一步深入的研究。

人为什么要睡觉

20世纪70年代初,在一次科研会上夸口可在20世纪结束前揭开睡眠奥秘的研究者不得不更正他们的预言。法国里昂克劳德·伯纳德大学的迈克尔·干维特说:"我们过于乐观了,大脑比我们想象的要复杂得多。"

虽然如此,科学家们已经取得了相当大的进展。1953年发现的快速眼球运动REM使科学家意识到,睡眠不等于关闭大脑,而是一个活跃的、有组织的生理过程。50多年后,几乎没有科学家会否认睡眠具有多重要的生物作用。

所有哺乳动物、鸟类、爬行动物都有某种形式的睡眠。虽然它们睡觉的方式千奇百怪:鸟站在枝头就能打盹,而海豚一边游泳一边睡觉,而且一次只有半个大脑进入睡眠状态。更重要的是,经过数千万年的进化,睡眠这一特性被保留下来,虽然它可能干扰其他生存活动的进行。睡觉时无法保护照看孩子,不能赚钱,不能外出打猎,睡觉时还容易遭遇敌人的攻击。

科学家还发现人和其他动物都会失眠,并且都会通过睡得更久、更沉来还上睡眠"债"。长期被剥夺睡眠可导致严重后果,至于后果究竟是什么还存在争论,因为很难把失眠造成的影响与压力等其他因素的影响区分开来。

研究者们一度认为,长期剥夺睡眠可能导致精神疾病。现在,我们知道这一推论并不成立,虽然睡眠被多次打断可能使实验对象变得脾气暴躁。同样"失眠可导致死亡"这一观点也缺乏支持证据。但实验室里被剥夺睡眠的老鼠在2~3周内便会死亡,如果它们只被剥夺REM睡眠(快速眼球运动睡眠阶段,此时的大脑活动与惊醒时一样活跃),也会在5~6周内死亡。睡眠究竟有何奥妙让生命都离不开它?专家们说,人和动物需要睡眠,绝不是因为需要休息这么简单。赫希特夏苏博士说:"你可以一动不动地躺着,无论躺多久,你还是需要睡眠。"

还有理论认为，睡眠可以保护动物，让它们在猛兽最活跃的夜晚悄悄躲藏起来。然而这一理论无法解释为什么睡眠不足需要补充，为什么长期睡眠被剥夺会导致老鼠死亡。

哈佛大学的一位睡眠专家罗伯特·斯迪克戈尔德和其他一些专家相信，REM睡眠有巩固记忆、帮助学习的作用。但是，这无法解释为什么一些服用有压制REM睡眠作用的抗抑郁剂的人并没有表现出记忆力减退的症状。同样，一些因大脑受伤无法进入REM睡眠的人也没有出现记忆困难。还有一些动物，比如鸭嘴兽，每天REM睡眠时间长达8个小时，比较REM睡眠时间只有2个小时的人类，它们并没有因而特别聪明或记忆力超强。

目前，最有说服力的观点是由加州大学的精神病学和生物行为学教授罗米·西格尔提出的。在REM阶段，正如在清醒时一样，大脑中的神经元非常活跃。只有那些与血清素、去甲肾上腺素、阻胺等传导化学物质共同工作的神经细胞处于休息状态。西格尔博士推测，这一类神经元工作特别繁忙，REM允许它们休息恢复它们的灵敏度。

科学研究还发现，体型越小的动物睡眠时间越长：马每天只需睡3个小时，雪貂需要睡15个小时。由于动物的新陈代谢速度随体积增加而下降，科学家们因此提出另一个假说：睡眠也许能帮助修复自由基（在新陈代谢过程中释放的化学物质）损坏的细胞。

还有专家相信，REM睡眠在大脑发育中扮演关键角色。新生儿的REM睡眠时间比成年人长。REM睡眠时间越长的动物，出生时越不成熟。随着睡眠研究的进展，专家说最终的答案可能在大家的预料之中，也可能让所有的人大跌眼镜。

孪生子的奥秘

1940年,吉姆·路易斯同他的孪生兄弟吉姆·斯普林格出生5个星期之后就分开了。如今,路易斯就要去跟他几十年未见的兄弟团圆,心里非常紧张不安。他会不会是一个残废或一个酒鬼?要是他为了来要钱那又怎么办……吉姆·路易斯的脑子里闪现着一连串的疑问。

在紫尔希大街的住宅里,路易斯的孪生兄弟斯普林格一边吸着烟,一边想着几乎同样的问题。斯普林格也知道他有一个孪生兄弟,但据说早就夭折了,现在怎么突然又跑出来了呢?

当有人终于敲门时,斯普林格急忙开了门。门口站着两个人——吉姆·路易斯和他的妻子,路易斯浑身发抖。斯普林格上前同路易斯握手,彼此打量着对方,接着都笑了起来。

人们惊奇地发现,兄弟俩都身高1.8米,体重都是82千克,两人的肤色和长相不仅一样,就是站立和叉手的姿势也完全相同,他们说话的音调是如此一样,使人很难区分究竟是哪个在讲话。神奇的是,他们两人的名字"吉姆"都是各人的养父所起的,两个人的第一个妻子都叫琳达,之后就离了婚,第二个妻子又都叫贝蒂。兄弟俩还都有一个儿子又取了相同的名字——一个叫詹姆士·艾伦,另一个叫詹姆士·阿伦。兄弟俩各喂养过的一只狗凑巧都叫托伊。

两个人都在房前的一棵大树干上围有一圈白色的木椅,此外,两个人都做了输精管切除术,都有用牙齿咬嚼指甲的怪习惯。

吉姆孪生兄弟的消息马上引起了明尼苏达大学心理学家托马斯·鲍查德的注意。他觉得对吉姆这样的双胞胎的研究,可能会有助于了解遗传和环境对人类发展的影响。像吉姆这样在不同环境中长大的同卵孪生兄弟,几乎在一切方面都十分相似，这难道不是说明遗传因素起了决定作用吗？心理学家鲍查德决定对吉姆兄弟及类似的双胞胎进行全面的调查和测试，包括对他们进行一系列医学和心理学方面的检查。鲍查德和一队由医药研究工作者、心理学家、精神病学家、牙医组成的队伍，追踪和研究了20对双胞胎（其中还有一对三胞胎）。这些双生子都是在生后6个星期左右就分开的，由不同的家庭抚育长大的，青少年时从未见过面。有的甚至是在鲍查德对他们进行研究时才重逢。

对吉姆兄弟检查和测试的结果使鲍查德和他的同事们深为惊奇。他们曾预想在这对孪生兄弟的身上找到环境论者认为应该具有的不同特点，结果却发现他俩在所有方面都有着惊人的相似之处。例如，在对兄弟俩的忍受能力、适应能力、自我克制能力、灵活性程度以及交际等方面的检验中，两人的情况是如此相同，以至不得不对他们进行第二次测试，结果仍然是一样的。在智力测验中，他们的思维能力和反应也极为相同。在嗜好方面，两人都好做木工，都不爱学习，都一支接一支地吸烟，而且都喜欢抽同一牌子的香烟，都爱好汽车比赛，而不喜欢棒球。更令人惊讶的是，两人都患有轻微的高血压症，都是从十几岁开始就得了周期性偏头痛的毛病，疼痛往往持续12个小时，服用阿斯匹林或其他药物全部无效。他们两人都感到自己有心脏病，尽管实际上他们的心脏并无问题。通过对他们的脑波试验，结果发现他们对各种刺激的反应也是一样的。

吉姆兄弟的奇闻一经传开后，鲍查德一下子就忙得不可开交了，有好多对双胞胎上门来找心理学家鲍查德。从1979年3月到1980年夏季，鲍查德掌握和追踪到的孪生兄弟姐妹已多达35对。研究表明，吉姆兄弟身上所表现出来的一切相似性，在其他双胞胎身上也大多存在。

一双年轻的孪生姑娘，姐姐得了阑尾炎，妹妹便感到疼痛。姐姐被送进医院手术室，妹妹和母亲在候诊室守着。当姐姐在手术室很久没有出来时，母亲担心地问妹妹："现在她的手术完了吧？"妹妹答道："不，妈妈，手术才刚开始呢。"果然，医生证实说手术推迟了。

谢琳娜的姐姐玛丽因患肺病并发症被送进医院，当天中午谢琳娜感到阵阵不安，眼睛里浮现出玛丽的幻影，并听到姐姐的声音："妹妹，我要走了。"谢琳娜吓得不知所措，连声叫道："不，不，你别走。"后来谢琳娜得知玛丽当天没有死。但她在中午两点半钟心脏停止跳动了一会。

更有趣的是，一对孪生姐妹参加大考，考作文时要从6道选择题中作一题。监考人发现，这对孪生姐妹都选了同一道题，就特别注视她们。当她们交卷时，监考人在两人的试卷上写道："南希和露丝分别坐教室的两个角落，她们选作了同一道题，并一字不差地叙述了同一个故事。"

迄今，在调查过的所有双胞胎中，前西德的奥斯卡·斯托赫尔和美国加利福尼亚州的杰克·尤费这对孪生兄弟尤为令人迷惑不解。他们两人在特立尼达出生后不久就彼此分离了，此后在非常不同的地理和文化环境中长大成人。奥斯卡第二次世界大战时住在捷克斯洛伐克，在纳粹分子开办的学校上学。尤费是跟他的犹太父亲长大，居住在特立尼达。尽管两人的政治观点态度不同，但在性格、怪癖、嗜好以及工作方式等方面，两人都有十分相似之处。比如，两人都留有修剪得非常整齐的胡髭，都在手腕上系橡皮筋，都喜欢从后向前翻阅杂志。他们还有一个相同的奇特习惯，即都好在公共场合大声地打喷嚏，以此"引人注目"。

为此，心理学家鲍查德猜想，上述情况很可能说明人体内有某种遗传因素在起作用，而不是像以前所以为的那样是环境因素影响的结果。人们曾一直认为，家庭环境特别是母亲的影响对孩子的成长起着十分重要的作用，然而对这一固有观点需要进行新的探讨。双胞胎为什么会有如此相同的习性呢？通过对双胞胎奥秘的研究，人们有可能加速揭示人类本身的种种尚不可知的秘密。

爱因斯坦的大脑之谜

1955年4月18日凌晨1时25分，世界著名物理学家、两次诺贝尔奖金获得者爱因斯坦在睡眠中与世长辞了。

这位20世纪的科学巨人生前留下遗嘱，不要为他举行葬礼，不要修建坟墓，也不要建立纪念碑。遵照爱因斯坦的生前遗愿，他的遗体被悄悄地送到特伦顿的火化场，就连火化后的骨灰保存在哪里，也没有向世人公布。

值得庆幸的是，因为爱因斯坦是当代最杰出的科学家，在他死后，曾经为他精心治疗的普林斯顿医院的医生们，强烈希望把他的大脑保存下来，让科学家们好好研究研究。医生们的请求，被爱因斯坦的家人接受了。他的长子是加利福尼亚大学教授汉斯。汉斯认为，这样做并不违背父亲的遗愿，并且亲自签署了承诺书。

于是，病理学家赫佩伊便把爱因斯坦的大脑浸渍在福尔马林液中，准备与其他医学家进行合作，对大脑认真、慎重的研究。不料，这件事被新闻界透露出来，有人无中生有地报道说：爱因斯坦的大脑与普通人相比，并没有什么不一样的地方。这个不实的报道，引起了爱因斯坦家属的不满，有关的研究工作只好停了下来。

3个月以后，赫佩伊在解剖学家开拉的协助下，把爱因斯坦的大脑分割成几块，除了一部分制作成切片标本以外，其余的仍旧保存了起来。接着，赫佩伊又把制成的切片标本交给了一些医学专家，但有关研究成果，却一直也没有发表。随着时间的推移，有关爱因斯坦大脑的事也逐渐被人们遗忘了。

没想到时隔23年，美国记者莱比又在一篇报道中提起了这件事。他写道："爱国斯坦的大脑被装在一只玻璃瓶里，外边套着一只波纹厚板做成的纸箱。存放在冷藏库里，由堪萨斯州医学研究所的赫佩伊保管着。"

这个消息，又重新燃起了科学家们揭开爱因斯坦大脑之谜的希望之火。第一个开始行动的是美国加利福尼亚学的神经解剖学家玛丽安·达阿蒙托，她的丈夫也是一位神经解剖学家。这时候，赫佩伊已经迁居到密苏里州，达阿蒙托又不辞辛苦，经过长途跋涉赶到那里，得到了爱因斯坦大脑的切片标本。

　　这位女学者对爱因斯坦的大脑切片进行了潜心的研究，她用显微镜做了仔细的观察，又专门解剖了当地医院里已经死亡的11名普通人的大脑，她通过进一步比较研究发现，爱因斯坦大脑的每个神经细胞周围的胶质细胞，要比11名普通人多73%。神经胶质细胞是一种支持细胞，它为神经细胞提供能量，并起支援作用。在过去的20年里，达阿蒙托曾经对老鼠的大脑进行过系统的研究。她在研究中证实：那些善于"学习"的老鼠，不仅大脑发达，而且每个神经细胞周围的胶质细胞数量也多。于是，达阿蒙托向学术界公开发表了她的研究成果，认为神经胶质细胞多，是爱因斯坦天才的大脑与普通人不一样的地方。

　　但科学家认为，达阿蒙托在研究中，只把11个人的大脑看做是正常人大脑的平均水平是不合理的，应该与更多人的大脑作比较。所以，这项研究成果还缺乏足够的证据。

　　也有的科学家认为，现代医学对大脑的研究进展缓慢，目前连人类与猿猴的智力差异产生的机制还尚未弄清，更何况人与人之间的智力高低呢。因此，即使有了一些新发现，也应该更慎重地进一步研究，不能轻易地作出结论。

　　大多数医学专家认为，爱因斯坦的大脑虽然被重新发现了，但要彻底揭开其中的秘密，从目前所掌握的科学知识和实验手段来说，还为时尚早。应该把这位科学巨匠的大脑更加妥善地保存起来，等到脑神经科学有了较大的进展，再进一步做深入的研究。看起来，要最终揭开爱因斯坦的大脑之谜，还需要医学家们作长期的努力。

回光返照之谜

垂危的人在弥留之际有时会突然之间神清志明，饮食倍增，这一情况在中医里称回光返照。正如蜡烛在即将熄灭之前大放光亮即所称的残灯复明一样。回光返照是生命的最后冲动，仿佛是灵魂离体前的最后告别，在宗教里和哲学中往往会有着奇异的解释。中医认为这是脏腑功能衰竭前全身能量的最后动员。

现代医学又是怎么解释这一现象的呢？这一现象产生的机理究竟是什么？下面所说的三磷酸腺苷（ATP）是否就是这种生命力突增现象的动力源泉？

人体细胞中有一种储存和供应能量的中心物质，叫三磷酸腺苷（ATP），组成它的主要原料是食物中的蛋白质、脂肪和糖类。在正常情况下，机体中的ATP的一部分经氧化以供给能量，维持机体的正常体温和日常活动，而其余部分则以化学能的形式储存于细胞中，以备"不时之需"。当人遇到机体内部或外界的强烈刺激，如病菌病毒的侵犯、生死格斗、突然遇险、濒临死亡时，ATP就会迅速地转变为二磷酸腺苷（ADP），同时会释放出巨大能量，这时人的各个组织器官系统就会突然获得巨大的动力，特别是大脑神经系统和内分泌系统协调人体活动的能量得到加强。因此，垂危病人就会突然表现出一些超凡活动，如神志突然清醒、食欲猛增等现象。但ATP的能源只能维持很短的时间，所以人在临死前的回光返照现象常常是很短暂的。

"昼生夜死"之谜

"昼生夜死"病在医学上被称为先天性中枢呼吸缺乏症,患上这种怪病的人,只要一闭上眼睡觉,呼吸就停止。目前,世界上发现了12宗病例。

英国有一个6岁的女孩,名叫劳拉,她患上了这种病。她出生时,一切都很正常。后来,她细心的父母发觉她在入睡后,便停止呼吸,于是送她去医院,许多医院都搞不清这是一种什么病。最后,一位妇产科医生诊断出这宗病,并为劳拉做了手术,在颈上放置一副仪器,在她的喉咙部位插入喉管,帮助她在入睡时呼吸。

两岁的美国儿童汉特勒也患了这种病。他白天非常活泼可爱,与别的儿童无异,而一旦入睡就无法呼吸,心脏也停止了跳动。因此,必须每天在他入睡前给他按上一个特别的体外呼吸器,帮助他呼吸,这样才不会窒息。

目前,医生及专家对"昼生夜死"病的发病机制众说不一。

有人认为,病因可能是调节呼吸机能的脑神经出了毛病。病人一旦入睡,指挥睡觉后呼吸的那部分大脑功能不能操作,估计可能在睡觉中因呼吸停止而死亡。

但也有人认为,这种病可能是由于睡眠中没有呼吸到足够的氧气,身体内积存了太多的碳酸气,因而影响了心脏的正常跳动。

总之,目前还没有一个确定的解释,也还不知道具体病因。为什么仅仅在睡眠时不能呼吸以致心脏停止跳动,而白天则完全正常呢?这还是一个谜。

集体发疯之谜

1951年8月,法国东南部的一个叫庞善艾斯普里的偏僻村庄突然为全国所瞩目,因为全村人都发疯了。

最先发疯的是2名男子。一个叫哲安·苏维里,是汽车修理工,他梦想成为一名马戏团演员,在高空表演走钢丝。另一个是开拖拉机的约瑟夫·普希,他想做个"鸟人",像飞机一样翱翔蓝天。因为他们都生性腼腆,而且家里有老有小,所以一直没法实现梦想。

可是,8月16日下午,这两人都行动了。苏维里撑着1把雨伞,爬上村边吊桥的缆绳,在上面摆摆晃晃地走着,消防队员急忙赶来,在下面张开网,才把他哄下来。而普希则闯进镇上的医院,爬上三楼的窗台,大喊大叫:"我是飞机!我会飞!我要上天!"他张开双臂,一下子栽到了地上,把两腿摔断了,这时是下午2时30分。

不久,类似的病人接二连三地被送到了医院,到了傍晚6时半,全村的人都一齐发疯了。有的人歇斯底里地大哭大喊,东奔西窜;有的人幻想着说自己是超人,已一脚踢开一列火车;有的则说在大街上撞见撒旦,被它生生地活剥了去;孩子们则觉得自己的动物玩具一个个活过来,变成了狰狞的怪兽。

小镇医院实在无能为力,遂连忙向城里卫生署求救。晚上8时,6部救护车载着100多名医护人员带着大批药物赶来增援。他们发现,有几十个病人的手脚不停地发抖,嘴里不停地呕吐,又说自己和上帝在一起,宇宙充满了五彩颜色。医生们判定这些人病症一定与饮食有关,而这些人无一例外地吃过村里唯一的面包坊里卖出的面包。

到第二天早晨7时,病人病势越来越严重,生理上呈现出中毒的症状。再也受不了幻觉的压力,一对已年届70岁的老夫妇双双去世,接着又一位老人离去。

于是，医院又向巴黎国家卫生总署寻求紧急救援。卫生总署当即电令里昂精神病医院院长约翰·克里斯蒂安博士率医疗队增援。与此同时，当地医生调查了面包坊的制作情况，发现最近送来的面粉颜色灰暗，湿濡濡的，可能储存时间过长。由于实行面粉专卖制度，面粉由镇上面粉仓库送来。面包坊主说，这是一些"库存残屑"。克里斯蒂安了解到了这些情况后，可能用了一些特效药，也可能采取了一些有效措施，几周之后，病人都陆续出院回到家里。

但是，村里人再也不吃面包坊的面包了，而且还有人控告面包坊主，要求赔偿100万法郎。他们提出，所谓"库存残屑"面粉已产生病毒，带有大量的真菌组织，它会引起神经紧张和精神失常，这被称为"麦角症"，在中世纪，它又被称为"圣安东尼之火"。

对此，面包坊主感到很委屈，于是向面粉公会求助，希望公会出面澄清问题。一年后，面粉公会向法院提交了报告，宣称面粉虽然有些陈，但肯定没问题，更不可能导致几百号人集体发疯。因为同样的面粉在其他地区并没引起这样的后果，所以"麦角症"的说法站不住脚。面包公会认为，引起全村发疯的可能是水银中毒，因为农业用杀毒真菌剂可能会意外地感染给小麦。

负责治疗的克里斯蒂安这时也表示搞不懂，对病因感到蹊跷。人们对他的暧昧态度十分不满，瑞士化学家霍夫曼博士就指责克里斯蒂安故弄玄虚。认为按村里人的症状，他们实际是在不知不觉中误服了LSD（迷幻药），所以出现强烈的幻觉，而克里斯蒂安是知道这一切并对症下药，才制止了"集体发疯"行为。

但问题是，LSD如何一齐进入全村人的口中的，是何人所为，又为何这样做？这颇让人费解。于是又有人说，该村人一定是吃了魔法师的草药，或者真是撒旦的所为。

争论一直进行了14年，直到1965年初，有关方面才作出仲裁，给予庞善艾斯普里村人集体补偿80万法郎。但他们何以"集体发疯"，却一直难作交代。

山村怪病之谜

四川南部县流马镇狮子口村二社,27户、115名村民居住在一个"山"字形的特殊地形上。这里山清水秀,土地肥沃,曾是南部县农村工作及农业生产的示范基地,村民民风纯朴,安居乐业。

但就是这一个秀美的山村,自1996年6月以来发生的一场来势凶猛的奇特怪病打破了往日的宁静,人称川北山区的死亡"百慕大"。这种怪病"狮子大开口",在短短的3年多时间内夺走了8条人命。

该社妇女26岁的赵丕芳自从嫁到流马镇狮子口村二社后,身体健康,没有发生任何疾病。1996年6月23日,赵丕芳从四川省绵阳市一面包厂打工归来,在劳动中感到头晕、乏力,接着抽风倒地,口吐白沫和血水,不到20分钟时间,赵丕芳就离开了人世。1997年8月11日,31岁的何杰珍像赵丕芳一样,在劳动中突然抽风倒地,口吐白沫和血水,30分钟后死亡。1997年12月6日,25岁的谢琼华以同样的病症倒地后再也没有起来。1998年3月12日,从外地来探亲的兰碧珍自踏进狮子口村二社的土地后不久,好端端地抽风,倒地后一小时内死亡。

随后的1998年7月6日、8月31日,1999年10月21日、12月13日,先后又有刘蓉、张秀珍等3名女性和二社社长何德杰(唯一的一名男性)死亡,这些死亡的女性均乳房收缩得像男性的乳房一样,男性的阴茎却消失。期间,该社还有3名6岁左右的小孩和4名大人得过此怪病,在倒地之前被人发现,经抢救脱离危险。更让人难以理解的是狮子口村二社的10只鸡也跟着得怪病,有一部分抽风后倒地死亡,其它牲畜却安然无恙。

接连发生在狮子口村二社的怪病,经当地村民分析总结,有以下几个特征:

相同的病症。得怪病的15人中，发病前兆均为身体感冒，病发后来势凶猛而突然，抽风、口吐白沫，口中吐血水是其共同症状。

接触地面死亡。发病后，病人只要身体接触地面，均在极短的时间内死，而在发病时被人及时发现，将病人扶着不让其接触地面，并从其口中掏出白沫和痰，病人就可以得救。

以外来女性居多。在死亡的8人中，前7名均是从外地来该社成婚或探亲的成年女性。

周期性发作。这种怪病怪就怪在它每间隔100天左右准时发作一次，每次时间一到必定有村民发病甚至死亡。

时间短暂。病人发病倒地后，往往在20分钟至两小时之内迅速死亡，并且发病时很少离开狮子口村二社的地盘。

流马镇狮子口村二社有周期性地连续发生的奇特怪病，引起了各级政府的重视。省、市、县三级公安、卫生、防疫部门的专家多次前往现场进行勘查。对两具尸体进行解剖，并提取了多近50个项目的样品进行化验。除怀疑有一种20世纪50年代生产后来又被禁止销售的"敌鼠强"毒药成分外，其他没有查出任何病因。公安机关也暂时排除了有人故意投毒的嫌疑。

查不出病因，狮子口村二社的村民仍旧按时地发病并神秘地死亡。这一奇特现象迅速在周围乡镇传播开来，该村的村民由此受到歧视和不公正的待遇。

自从发生怪病后，二社的村民无论走到哪里，都被人瞧不起。只要听说是二社的人，人们像躲瘟神一样避而远之。村里正和外社人谈着恋爱的青年男女被迫分手，被要好的同学、朋友疏远。伤心的青年后生只好悄悄告别亲人，借外出打工之名隐瞒自己的出生地，流落他乡，有家不能归。想暂时在附近投亲靠友以避灾难的村民被亲朋好友视同陌生人，用各种理由婉拒；村民辛辛苦苦生产的粮食和饲养的生猪、鸡、鸭等农副产品没有人愿意购买；外面的人不再来二社探亲访友，即使是路过，也要绕开二社而走……

自从村里发生怪病后，只要谁从外面回到二社，谁就有可能难逃死亡的厄运。因此，怪病吓得村民们被迫携家带子弃家而走、逃离故土，散落到全国各地躲灾避难。至今，这种奇怪的病症还尚未被破解出来。

骷髅"饮器"之谜

匈奴是秦汉时期活跃于中原北方,并在蒙古高原上建立起强大政权的游牧民族。月氏则起初游牧于敦煌、祁连间,后被匈奴追逐而西迁至今伊犁河上游一带。两个游牧政权在战争中,一方杀死另一方的首领,并不鲜见,但是由此导致的骷髅饮器却引起了后人无休的争论。

"饮器"是否仅见于古代的匈奴人中?将人头制成"饮器"又有些什么含义?

公元前5世纪的希腊史家希罗多德在《历史》卷4中谈及游牧民族塞西安人的风俗时,清楚地说明了敌人的头骨是作为杯子用。他说,塞西安人"饮他在战场上杀死的第一个人的血。他把在战争中杀死的所有的人首级带到他的国王那里去……以上便是他们中间的风俗。至于首级本身,他们并不是完全这样处理,而只是对他们所最痛恨的敌人才是这样的。每个人都把首级眉毛以下的各部锯去并将剩下的部分弄干净。如果这个人是一个穷人,那么他只是把外部包上生牛皮来使用。但如果他是个富人,则外面包上牛皮之后,里面还要镀上金再把他当做杯子来使用"。

将敌人(乃至亲人)的骷髅制成器物(不管是酒杯还是便壶)的风俗流行于许多民族之中,其方式和用意也各不相同。希罗多德《历史》还谈到,伊赛多涅斯人也有类似的习俗:"在秃头者以东的地方,则我们确实知道是住着伊赛多涅斯人……据说伊赛多涅斯人有这样的一种风俗:当一个人的父亲死去的时候,他们所有最近的亲族便把羊带来,他们在杀羊献神并切下它们的肉之后,再把他们主人死去的父亲的肉也切下来与羊肉混在一起供大家食用。至于死者的头,则他们把它的皮剥光,擦净之后镀上金;他们把它当作圣物来保存,每年都要对之举行盛大的祭典。就和希腊人为死者举行年忌一样，每个儿子对他们的父亲都要这样做。"13世纪的鲁不鲁乞在其《东游记》中谈及，吐蕃人也有类似风俗："在唐兀人那一边是吐蕃人。……然而，他们仍然用他们父母的头盖骨做成漂亮的高脚杯。以便当他们从这些杯子中喝饮料时，可以在欢乐之中回忆起他们的父母，这是一个曾经亲眼看见这种杯子的人告诉我的。"《鄂多立克东游录》所述情况大体相同，但他只说以父亲而非父母的头制成酒杯。敦煌古文献《北方若干国君之王统》还说，奚部落将其祖先的颅骨镶以金银，用作酒器。可见骷髅饮器的对象不仅限于父母，还可以扩展至祖先。

骷髅饮器似乎多见于中亚和北亚的游牧民族中。例如，五六世纪称雄于漠北的柔然人中也流行此俗。

骷髅饮器的功能是多种多样的：或为纪念亲人，或为仇视敌人，或为发誓和解。那么，这些不同功能的背后是否有着一种共同的信仰？这却不甚了了。然而，骷髅饮器的制作和使用者似乎都认为它具有某种神奇的魔力——增强自己、削弱敌人等等。

一则关于传奇国王凯沙尔的故事即体现了这种信仰：凯沙尔王为了重建立已经灭亡的古门汗王国，就设法取得14个宝藏。而位于天上的这14个宝藏则由一个女人守卫着。凯沙尔王酿制了一种特殊的酒，装在由七个铁匠骷髅制成的酒杯中，宝藏看守人饮酒后即沉沉入睡，从而被凯沙尔王盗去了14个宝藏。

在现代民族中，制作和使用骷髅饮器的现象日益消失，所以，我们已难以将这一遍布古代世界的风俗的信仰背景一一具体确定了。

 飞机自行升空不知去向之谜

在空难事故中,最有意思的还是美国一架飞机突然自行升空,在机场上空绕飞两圈,然后掉头飞去不知去向。

据《文萃》1998年1月14日报道说:

美国俄亥俄州的乌尔巴纳发生了一起航空史上从未发生过的"怪事":一架单引擎小型飞机"自作主张"地将飞行员"甩"掉后成功起飞,并自行飞了144千米后才坠毁。

这架飞机因为机械出现故障,来自美国代顿的保罗·塞克斯不得不中途在乌尔巴纳机场降落,在滑行跑道上进行抢修。飞机的故障并不严重,很快就修好了。塞克斯试着用手去拨转螺旋桨,想检验一下引擎运转状况是否良好。岂知引擎竟然就此发动起来,飞机开始在跑道上滑行。塞克斯快跑着想追上飞机,但终究晚了一步——这架"自作主张"的飞机在与停在滑行跑道上的另一架飞机擦身而过后,飞上了蓝天。这架飞机在乌尔巴纳机场上空足足用5分钟的时间盘旋了两圈,似乎是在向地面上急得跺脚的主人"示威"。然后,飞机不再理会地面上瞠目结舌的人们,掉头向东北方"义无反顾"地飞得无影无踪。

事后人们才发现,那架"很有个性"的飞机耗尽燃油后坠毁在俄亥俄州中部城市哥伦布市东北80千米处。有专家怀疑这次事故是太空人故意搞的鬼,捉弄地球人。否则飞机升空怎么没有掉到城市人口最密集的市区。此中缘故,还有待于后人进一步考证。

万吨巨轮神秘消失

"明亨"号是一艘4.5万吨的现代化集装箱巨轮。1978年12月,当其在大西洋上航行进入北海时,便无声无息地失踪了。船上的28人竟无一幸存。几天后,在失事地点附近发现了该船的几只救生圈。

为此,这家航运公司请求英国海军潜艇帮忙寻找。潜艇将海底巡扫了一遍,并没有发现沉船的踪迹。1979年初,不来梅港海事法庭对"明亨"号失事案件展开调查。经调查发现,失事那天整个海区风浪并不大,而且轮船装备先进,即使触礁,仍来得及发出呼救信号,但船在沉没前无任何表示让人难以相信。直到1980年6月,在英国爱西堡地理研究所的帮助下,方才得知"明亨"号沉没有一个可能的原因。

1979年,爱丁堡地理研究所在对北海海底进行考察时发现,北海海底布满了一个个火山口,排列紧密。这些火山大部分已死,少部分仍在喷吐熔岩。海洋地理学家推断,"明亨"号失事,很可能是由于它航行在火山口地带的某座活火山口上时,恰遇其熔岩强烈喷吐,引起火团急剧扰动,"明亨"号跌入波谷,很快被海浪打沉而隐入火山口中,悬浮岩溶浆覆盖了沉船,至于那几只救生圈,原是挂在船舷外壁上的,船沉时随海水上浮,逃脱了与船同归于尽的厄运。

这一推断的真伪如何,只有在海洋科学发展到一定时候,在北海西部的某一个直径大于"明亨"号船体总长的火山口中找到该船残体时,才能得到证实。

更为奇怪的事是一艘曾经失踪的船,失踪了7年后,又从冰山中崩现出来。

冰水浩瀚的南极海上,在"轰隆隆"一阵震耳欲聋的响声之后,一座冰山豁然崩裂成两半，里面露出了一艘船只。

这是1960年9月22日正在该海区作业的英国"霍普"号捕鲸船遇到的情景。船长布莱顿立即下令捕鲸船向那艘船靠拢。人们登上那艘船，船上寂然无声，令人发怵。船体虽已破旧，但基本上还算完整。舱内的情景更让人毛骨悚然，8具冻僵的尸体东倒西歪地躺在地上，其中有一个是女人，看样子可能是船长夫人，旁边还有一条狗的尸体。船长室里，船长依旧保持着冻死着的姿态。手握钢笔，木然地倚靠在椅子上。

为了探明这艘船是干什么的，人们开始搜寻，最后发现了一本保存完好的航海日记。打开一看，人们不由得惊叫起来，这正是37年前突然失踪的"杰尼"号！

"杰尼"号船长在最后一篇日记中写道："到今天……活了71天，现在已没有可吃的东西了，我成了最后的死亡者。"

1923年1月17日，"杰尼"号在驶往秘鲁的途中不幸遇到浮冰。船陷在巨大的浮冰中，再也没能逃脱，在这座漂浮海上的死一般静寂而又寒冷的冰山里，船上的人们作了生死的挣扎，终于一一死去。冰山裹挟着载着8具尸体的船在漫无边际的海洋中竟然幽灵般地漂流了37年。在这37年漫长岁月中，"杰尼"号究竟是怎样随波逐流的，自然是个难解的谜。

人类未解之谜

"火炬岛"为何能导致人体自燃

人体自燃现象已经不再神奇了,尽管科学家们还没有真正解开其中的谜团,但是由于媒体的大量报道,人们对此都不会感到陌生了。但是,有这么一座小岛,人只要一踏上去,就会无缘无故地全身着火自燃。

这个能让人自焚的小岛位于加拿大北部地区的帕尔斯奇湖北边,面积仅有1平方千米,当地人称这一小巧玲珑的岛屿为"普罗米修斯的火炬",简称为"火炬岛"。这一名称的来历和小岛上流传着的一个古老传说有关。据说,当年,普罗米修斯在把火种带给人类后,准备返回天宫,于是顺手将已经没用了的火炬扔进了北冰洋。但是,燃着火焰的一端并没有沉下去,而是露在水面继续燃烧,天长日久,便形成了一个小岛。后来,小岛上的火还是在风吹雨打中渐渐熄灭了。可是,经过了许多年,这个小岛却依旧有着一种神奇的力量,那就是人一旦踏上这个小岛,就会浑身着火自燃起来。

传说毕竟只是传说,早在17世纪50年代,有几位荷兰人来到帕尔斯奇湖。没有听从当地人不能上岛的劝告,其中一个叫马斯连斯的荷兰人自己上岛去寻找所谓印第安人埋藏的宝物。一同前来的伙伴们在离岛不远的地方等着他。没多久,他们就突然看到一个火人从岛上飞奔过来,一下子跃进湖里。伙伴们立即冲上去,发现就是马斯连斯,但是谁也没敢跳下去救他,只能眼睁睁地看着他在痛苦中挣扎。

后来又有人接触到这个小岛,据说上岛的67人中有33个人在几分钟后大呼喘不过气,难受得要命。仅仅过了几秒钟,所有身体异样的人全部自燃起来,这情形把当时的船员吓呆了,他们赶紧回船返航。

种种传言弥漫世间,引得不少科学家和探险者前去勘察。但他们都无功而返,甚至又有几十人自燃而死。1967年,英国考察团了解了自燃的特性并带上防火服前往，结果有3名队员在刚刚踏上岛就在众目睽睽之下自燃而亡。事后他们检验3个人的尸体，发现他们的防火服居然丝毫未损，而他们烧焦的尸体也没有任何温度。

1974年，加拿大普森量理工大学的伊尔福德组织了一个考察组，在火炬岛附近进行调查。通过细致的分析，伊尔福德认为，在火炬岛上，人体自焚是一种电学或光学现象。但是，同组的哈皮瓦利教授提出了异议，因为如果这个论点成立，那小岛上为什么会生长着青葱的树木？并且，在探测中还发现有飞禽走兽。于是，哈皮瓦利教授认为，可能是岛上某些地段存在某种易燃物质。当人进入该地段后，便会着火燃烧。

尽管他们的推测不同，但是有一点是相同的，那就是这种自焚现象都是由某种外部因素引起的。于是，基于这样的推断，他们都穿上了用特别的绝缘耐高温材料做成的服装，来到了火炬岛上进行考察。在岛上，他们并没有发现什么怪异的地方。然而，就在两个小时的考察即将结束时，有成员的身体开始出现异常。还没等考察组完全撤出火炬岛，那位身体有异常的成员口鼻中喷出阵阵烟雾，紧接着人们闻到了一股烧焦的肉味。但是焚烧结束后，人们惊奇地发现，那位成员的耐火服装居然完好无损，而他的躯体已化成了为焦炭。

从此，火炬岛成了人类的禁区。

尽管从1974~1982年间，相继有6个考察队前往火炬岛，但无一例外的都是无功而返，而且每次都有人丧生。于是，当地政府不得不下令禁止任何人以科学考察的名义进入火炬岛。

如今，火炬岛已是人迹罕至了。然而，它仍旧静静地坐落在帕尔斯奇湖畔，等待着人们去揭开笼罩在它身上的神秘面纱。

奇特的梦游之谜

1898年的一个晚上,在菲律宾首都马尼拉发生了一桩大案,总督马哈尼在私人宅邸被人杀害了。

总督被谋害后,警察局长立即下达命令,封锁所有的关口。为保护现场,总督府派出了保卫人员24小时站岗。保卫人员中有个西班牙籍的战士,名叫伊巴涅斯。自从总督被杀后,他连续站岗,已经两个晚上没有合眼了。

这天夜晚,又轮到伊巴涅斯上岗,他扛着一支步枪站着,脑子昏昏沉沉,上下眼皮直打架。不一会儿,他就支撑不住,蜷缩在岗亭旁边睡着了。

第二天早晨,他惊奇地发现,自己一夜之间竟然从菲律宾跑到了墨西哥。伊巴涅斯在街上拦着人就问,吓得行人个个绕道而走,他们都断定这个外国士兵精神失常了。极度的烦躁和困惑令他几乎疯狂,大家都认为这是个精神病患者。

这件事引起了警方的注意。一天,警察局长布斯哈亲自来看伊巴涅斯,他要求伊巴涅斯把全部经过复述一遍。伊巴涅斯把整个事情的经过叙述了一遍,空口无凭,谁会相信这是真的?

当时电信还很落后,两个月后,有一艘商船从菲律宾开来,船上的人把他们那里发生的总督被害的事件告诉了墨西哥人。

医生听说后,大惑不解地看着伊巴涅斯问:"我只好相信你说的是实话了,请问你有梦游症吗?"伊巴涅斯说:"曾经有过。"

医生听了摇着头说:"从医学角度来说,一夜间从菲律宾跨越太平洋到墨西哥来,这样的梦游是不可能的。"

这到底是怎么一回事呢?据科学家猜测,伊巴涅斯也许是被"外星人"用飞碟从菲律宾运到墨西哥的?但乘坐飞碟时是什么情景,"外星人"又是怎样将他送来的?这一切都因为当时伊巴涅斯的沉睡而不得而知。

罕见的病人之谜

1986年1月22日黄昏,一艘"皇后"号货轮,在一望无际的大西洋上航行着。

半个月后,"皇后"号终于靠岸了。卡特和船员们有说有笑地上岸,三三两两往家走着。这时,卡特船长看见前边不远,有一个高大的男人背朝着他,蹒跚地拖着沉重的步子缓慢向前挪动着。卡特问他是否需要帮忙。那人缓缓转过身来,看了卡特一眼。卡特定睛一瞧,大惊失色,原来这人简直形同僵尸,两眼暴凸,活像个魔鬼一般。

卡特惊魂未定,正要走开。忽然,这个奇怪的人"扑通"一声栽倒在地,卡特连忙去扶他。卡特的手一触到那人的衣服,竟是那样冰凉铁硬,才发觉这人的衣服奇怪得很,既不是呢子、棉麻布之类东西缝制的,也不是用化纤织品做成的,而是用金属制成的。他的脸和头发好像被火燎过,黑褐色中透着铜紫。卡特招呼几个船员抬着把他送进了医院。

米勒医生给这个人检查时发现,这个人的衣服根本没有开口,所有医用器械都不能使用,非得用特殊的工具割开才行。后来,他们请来了专业工程师带着金属器械,费了好大劲才把他的衣服切开。

检查结果,令米勒等医生们大吃一惊,这人的手指和脚趾形状与常人不同,像鸭鹅那样长着蹼。他的血液循环系统、消化系统和器官也极不寻常,这些特征,在医学史上从无记载。

医生们议论纷纷,有人说这是人类的异化,有人说这是现代高科技发展与环境污染的畸形人,有人说这是外星人来访……这些都只是猜测而已,至今仍没有定论。

人的血液和皮肤为什么是蓝色的

大家知道，世界上的人种可分为白人、黑人、黄种人等，无论他们的肤色如何，其血液都是鲜红色的。可是，地球上某些偏僻的地区，生活着一些蓝色皮肤的人群，而且他们的血液也是蓝色的。

一支考察队在非洲西北部的一个与世隔绝的山区考察时，发现了这种蓝皮肤的人。这是一个庞大的家族，他们过着狩猎和群居的原始生活，用兽皮和树叶当作衣服。他们的皮肤呈淡蓝色，并且血液也是蓝色的。

在这之后，美国加利福尼亚大学医学院的著名运动生理学家韦西，到南美洲智利安第斯山脉探险时，在奥坎基尔查峰海拔6600米的高处，又发现了浑身发着蓝光的人种。在这样的高峰上，空气中的含氧量比海平面少50%，就是身强力壮的登山运动员也感到行动吃力。但这种奇异的蓝色人，却能进行各种剧烈的体力劳动，这真是个奇迹。

另外，在美国肯塔基和非洲的撒哈拉沙漠中，也生活着为数不多的蓝色人。

为什么这些人的皮肤和血液会是蓝色的呢？科学家们对此进行了研究探讨，持着不同的观点。

一种观点认为，皮肤的颜色和血液的成分密切相关。血液中的红细胞含有一种叫"血红蛋白"的红色蛋白质，因而使血液呈现红色。而蓝色人的血液中有一种"超高压型蛋白"，但没有控制这种蛋白的酶，所以他们的血液呈蓝色，致使皮肤也呈蓝色。

一些美国科学家提出了不同的看法。他们认为，在血细胞中，血红蛋白的主要职责是输送氧气。当氧气充足时，血红蛋白呈现红色，所以常人的血液皆为红色。但当缺少氧气时，血红蛋白就会变成蓝色。蓝色人全身蓝色，可能就是高山缺氧所造成的。

另有一些科学家则认为,蓝色人是一种病理状态,是由于血液中某些化学成分发生了异常变化,而使血液呈现蓝色。按照遗传学说,决定生物性状的是遗传基因,这些人的血液之所以呈现蓝色,就是由于某种"特殊病态基因"造成的。这种含有错误遗传信息的基因,指导和决定了细胞蛋白质的结构发生变化。蓝色人的血液变蓝很可能是这些方面出现了差错。

此外,也有的科学家提出,蓝色人的血液发蓝可以从某些动物具有蓝色血液中得到启发。一种海洋动物叫做"鲎",它的血液是蓝色的。而海蛸这种软体动物血液却是绿色的。原来,血液的颜色是由血色蛋白含有的元素所决定的。含铜元素的叫做"血蓝蛋白",使血液呈蓝色;含钒元素的叫做"血绿蛋白",使血液呈绿色;含铁元素的叫做"血红蛋白",使血液呈红色。虽然血色蛋白不同,但在动物机体里,都起着吸收氧气、排出二氧化碳的作用。

关于蓝色人的说法各执己见,争论不休,到底哪种说法对呢?还有待于科学家的继续探索和研究。

男人的大脑和女人的大脑有区别吗

男人的大脑和女人的大脑相同吗？这是人们普遍关心的问题。

多年来，研究者通过对男女在气质、行为、心理和智力特征方面的差异研究发现：男子在数学领域和其他抽象理论领域作出贡献的较多。这说明男子抽象逻辑思维能力强，空间想象能力和音乐能力也明显比女子强。而女子在语言能力方面，人际关系及单纯记忆方面的能力却胜过男子。一部分学者认为这些差别是由环境和文化的影响造成的；一部分学者则把这些差别归为男女生理上的差别。两派各持己见，谁也不能说服对方。近十几年来，越来越多的心理学家认为男女在智力方面的差异实际并不大，无须对此探本求源。

1982年6月，美国得克萨斯大学卫生科学中心专家德拉可斯尤塔繁敏森和哥伦比亚大学神经生物学家拉夫赫路提出了他们的观点。他们解剖了14个"正常的"大脑，其中5个是女性，9个是男性，并比较了脑部胼胝体的形态结构。通过拍摄照片，投射放大绘图，测量胼胝体的长度、各部分的宽度和表面积，他们发现胼胝体左部（尾部或后部）存在着男女的不同。

这一发现引起众多研究者的关注。我们知道，人的大脑分为左右两个半球，而胼胝体上连接大脑左右两半球的一大束神经纤维。虽然不是大脑两个半球之间的唯一联系，但却是最重要的联系，起着沟通和协调大脑两侧半球的作用。

对于这一发现，学术界人士持两种观点：一种观点认为，男女在脑部胼胝体形态上的差异足以说明男女智力差别的根源存在于大脑之中。美国神经生理学家乔治城大学医学院教授理查德·雷斯塔认为：在此之前还没有发现过大脑形态的性别差异，这项研究具有重大意义，应该引起更多的重视。

他们认为，许多研究表明，女性大脑两侧半球功能的专门化程度似乎不如男子。这可以用来说明女子在抽象思维、答问思维以及立体视觉活动的能力弱于男子。而女子胼胝后部较大，可能意味着两侧大脑半球连接紧密，因而较少两侧分化。拉可斯·尤塔敏森和赫路也"推测"他们的发现可能对女性大脑较少两侧分化的假说有利。这些学者都倾向于把男女在智力特长上的差别归于大脑结构功能上的差别。

另一些学者不同意这种说法。美国纽约市立大学生物学院的心理学教授袖罗征斯丹玛指出，即使今天的研究确实能证明男女大脑存在差别，女子的大脑较少两侧分化，也不一定能证明男女的智能有所不同。大脑两侧较少分化未必会使任何一侧的大脑半球能力降低。芝加哥大学研究性别差异的心理学家安·彼德森也认为，男女之间不可能存在着先天性的智能差异。

男女大脑是否确实不同？男女智力差异的根源是否存在于大脑之中？很多学者认为，仅凭这14个标本的研究还不足以回答这些问题。

"赶尸"的传说之谜

中国民间有"赶尸"之说。所谓"赶尸",是指逝于他乡的尸体,通过赶尸人的法力,可以使尸体自己步行回故乡。

这一说法,在湖南、江西,以前是相当流行。有人言之凿凿地说他曾目睹赶尸人驱使一群尸体还乡,犹如驱使牲畜一般,尸体只能一味前行,不能后退,遇人不让路,村民遇见赶尸人,都会自行避开,入夜歇店,赶尸人将手一拍,尸体就面壁而立,闻风不动,天明,赶尸人一挥手,群尸又上道如故。这种名副其实的"行尸",据说可以行数十至数百里之遥,许多客死他乡的,无法归葬的旅客,赖以得尸骨还乡。

这种属于巫术的赶尸,在科学上是绝对不可能的。

所谓"还魂尸",关键在于巫师手中的药物。最近,哈佛大学一位人种植物学家在《人种药理学杂志》上,发表了一篇文章,揭露了这一不可思议的还魂术的秘密:

巫师将含有蟾蜍毒素和另外一些毒素的药物,有意地涂抹在某一个被他看中的倒霉者的皮肤上,由于毒药的作用,这人便心跳变慢,脉搏变细……以致被当作"死人"埋入土中。巫师趁人不注意时,将这些"死者"从土中掘出来,弄醒,再给他吃一些山药和曼陀罗制剂,于是一个"僵尸复活"的奇迹便出现了。

十二生肖里老鼠为什么排第一

人们选择这12种动物作为12生肖，显然是有一定的含义的。但是，为什么向来不让人喜欢的老鼠会排在第一位？12生肖是依据什么来排序的没有定论，由于生肖是产生于远古的古老文化，时间太过久远，今人只能依赖于传说和想象。关于生肖排列问题大致有以下3个方面的解释。

一是民间传说中的生肖排列。有民间故事说：当年轩辕黄帝要选12种动物担任宫廷卫士，猫托老鼠报名，老鼠给忘了，结果猫没有选上，从此与鼠结下冤家。大象也来参赛，被老鼠钻进鼻子，给赶跑了。其余的动物，原本推牛为首，老鼠却窜到牛背上，猪也跟着起哄，于是老鼠排第一，猪排最后。虎和龙不服，被封为山中之王和海中之王，排在鼠和牛的后面。兔子又不服，和龙赛跑，结果排在了龙的前面。狗又不平，一气之下咬了兔子，为此被罚在了倒数第二。蛇、马、羊、猴、鸡也经过一番较量，一一排定了位置，最后形成了鼠、牛、虎、兔、龙、蛇、马、羊、猴、鸡、狗、猪的顺序。传说故事虽不是对问题的科学解释，但它却体现了人们希望对12生肖的选择做出解释的愿望。

二是中国古代学者的解释。天地混沌一片，鼠，时近夜半才出来活动，将天地间的混沌状态咬出缝隙，"鼠咬天开"，所以子属鼠。天开之后，接着要辟地，"地辟于丑"，牛耕田，该是辟地之物，所以以丑属牛。寅时是人出生之时，有生必有死，置人于死地的莫过于猛虎，寅，又有敬畏之义，所以寅属虎。卯时，为日出之象，太阳本应离卦，离卦象火，内中所含阴爻，为太阳即月亮之精玉兔，这样，卯便属兔了。辰，三月的卦象，此时正值群龙行雨的时节，辰自然就属了龙。巳，四月的卦象，值此之时，春草茂盛，正是蛇的好日子，如鱼儿得水一般。另外，巳时为上午，这时候蛇正归洞，因此，巳属蛇。午，下午之时，阳气达到极端，阴气正在萌生。马这种动物，驰骋奔跑，四蹄腾空，但又不时踏地。腾空为阳，踏地为阴，马在阴阳之间跃进，所以成了午的属相。羊，午后吃草为最佳时辰，容易上膘，此时为未时，故未属羊。未之后申时，是日近西山猿猴啼的时辰，并且猴子喜欢在此时伸臂跳跃，故而猴配申。酉为月亮出现之时，月亮属水，应着坎卦。坎卦，其上下阴爻，而中间的阳爻代表太阳金乌之精。因此，酉属鸡。夜幕降临，是为戌时。狗正是守夜的家畜，也就与之结为戌狗。接着亥时到，天地间又浸入混沌一片的状态，如同果实包裹着果核那样，亥时夜里覆盖着世间万物。猪是只知道吃的混混沌沌的生物，故此猪成了亥的属相。宋代著名理学家朱熹持此观点。

三是阴阳分类。将12种动物分为阴阳两类，动物的阴与阳是按动物足趾的奇偶参差排定的。动物的前后左右足趾数一般是相同的，而鼠独是前足四，后足五，奇偶同体，物以稀为贵，当然排在第一。其后是牛，四趾（偶）；虎，五趾（奇）；兔，四趾（偶）；龙，五趾（奇）；蛇，无趾（同偶）；马，一趾（奇）；羊，四趾（偶）：猴，五趾（奇）；鸡，四趾（偶）；狗，五趾（奇）；猪，四趾（偶）。持这种说法的是宋人洪巽，明代学者郎瑛在其基础上进行了归类。

这三种解释都是人们试图从不同的角度给12生肖以合理的解释。但究竟古人是依据什么标准给12生肖排序的，没人能给出确切的回答。从这些解释中，我们了解了古代的一些纪年方法，同时也丰富了生肖文化的内涵。

"能治百病"的比利牛斯山圣泉之谜

法国比利牛斯山脉中有个叫劳狄斯的小集镇。镇上有个岩洞，洞内有一眼清泉长年累月不停地流淌，泉水以其神奇的治病功能吸引了成千上万世界各地的人慕名而来，这就是闻名全球的神秘的"圣泉"。

传说1858年，一位名叫玛莉·索毕拉斯的女孩在岩洞内玩耍。忽然，圣母玛丽亚在她面前显圣，告诉她洞后有一眼清泉，指引她前往洗手洗脸，并且告诉她这泉水能治百病，说罢倏然不见。

100多年过去了，神奇的泉水经年不息。前来圣泉求医的人也络绎不绝。它的吸引力远远超过了穆斯林圣地麦加、天主教中心罗马和伊斯兰教、犹太教及基督教的发祥地耶路撒冷。据说，每年约有430万人去劳狄斯，其中不少是身患疾病，甚至是病入膏肓已被现代医学宣判"死刑"的病人。他们不远千里来这儿，仅在圣泉水池内浸泡一下，便能病情减轻，有的竟不药而愈。

当地盛传，有个意大利青年，名叫维托利奥·密查利，他身患一种罕见的癌症，癌细胞已经破坏了左髋骨部位的骨头和肌肉。经X光透视发现，他的左腿仅由一些软组织束同骨盆相连，看不到一点骨头成分。辗转几家医院后，他的左侧从腰部至脚趾被打上石膏，但却被宣告无药可医，而且院方预言至多能再活一年。

1963年5月18日，他在其母亲的陪伴下，经过16小时的艰难旅程到达劳狄斯，第二天便去沐浴。

密查利在几名护理员的照顾下，脱去衣服，光着身子被浸入冰冷的泉水中，但打着石膏的部位却未浸着，只是用泉水进行冲淋。奇迹出现了，从此以后，密查利开始有了饥饿感，而且胃口之好是数月来所未有过的。

从圣泉归家后仅数星期，他突然产生从病榻上起身行走的强烈欲望，

△ 比利牛斯山圣泉

而且果真拖着那条打着石膏的左腿从屋子的一头走到另一头。此后几个星期内,他继续在屋子里来回走动,体重也增加了。到了年底,疼痛感竟全部消失。

1964年2月18日,医生们为他除去左腿上的石膏,并再次进行x光透视,片子上明白显示出那完全损坏的骨盆组织和骨头竟然出人意外地再生了。4月,他已经能够行动自如,参加半日制工作,不久便在一家羊毛加工厂就业。

这一病例,现代医学竟无法解释。

当地人声称,像这样的病例并非个别。据说,在124年中,为医学界所承认的这样的医疗奇迹就有数十例。这些实例均经过设在劳狄斯的国际医学委员会严格审定。该机构由来自世界10个国家的30名医学专家组成,各个专家均是某个专科的权威。

那么,圣泉这种"起死回生"的奥秘究竟何在呢?随着现代医学的不断发展,我们相信:人们一定能剥去圣泉的扑朔迷离的宗教外衣,揭示它的本质,从而解开这个谜团。

石头生蛋之谜

也许你曾经见过不少形状各异的奇石、怪石,甚至听说或见过会"唱歌"的石头。但,你见过会"下蛋"的石头吗?你见过那岩石生产下来的圆滚滚青赤色的石蛋吗?

在我国贵州省黔南州三都水族自治县有个叫姑鲁坡脚姑挂村的地方,那里的岩石长年都在"下蛋"。这种蛋很大,小的也有几十千克,大的上百千克,甚至还有"双黄蛋"。在姑挂村民眼里,"石蛋"是一种吉祥之物——团团圆圆,又实用。村里家家户户门前都有几个圆滑的石蛋,这些石蛋大小不一,非常沉重,好客的村民会让远路来的客人坐在石蛋上休息喝茶,坐在石蛋上又舒服又凉爽。逢上赶集的日子,往往有村民用架子背上沉甸甸的石蛋,手里拎着自家老母鸡下的鸡蛋,一起到集上去卖,碰巧遇到从城里来搜寻奇石的人,石蛋说不定就可以卖个好价钱。

至于这些石蛋是从哪里生出来的呢?原来村中小溪边有两个会生石蛋的石壁——产蛋崖。靠近溪边的一壁上,平整的岩壁三三两两地排列着向外突出的圆溜光滑的石蛋,石蛋斜线排列,正待生产。另一处石壁在山上悬岩处,山被苍翠的树木全部覆盖,坡度七十多度,几乎是直上直下,那里是岩石生蛋最壮观的地方,大大小小的几十个等待降生的石蛋布满了整个悬岩,就像一排母鸡按先后顺序生蛋一样,有的只露出一丁点儿"蛋头",有的已露出一半,有的已挤出岩石就要降生大地。"生卜"的石蛋沿着悬岩依次排列,大小不等,估计最轻者有几十千克。石蛋为青赤色,表面有如水断面般的纹路,纹理清晰。熟透的石蛋会自己脱落下来,从山上滚下落到河滩上,经过河水的冲洗和河中碎石的碰撞与摩擦,越发显得光滑圆润。据当地村民讲,一只石蛋要30年左右才能出生,所以能亲眼看到石蛋降生是吉祥有福的

福兆。

　　石蛋究竟是怎样形成的呢？许多游客对此大惑不解啧啧称奇。有的外国游客为了弄清石蛋里面有什么东西，还特地敲开看个究竟，但最终也没有找到答案。对于岩石生蛋这一奇观，地质学家们考察后做出了不同的分析。香港大学地质系陈龙生先生认为，因此处山岩处在"下泥盆纪"地质层上，它的形成已有四五亿年，在岩石最初形成阶段和此后的挤压中，由于原始成分的差异和形状的不同，在地质运动中逐渐产生了石蛋；还有的地质学家与生物学家通过石蛋外表纹路的分析认为，可能是由于岩石中含矿物质的差异在地壳中受地热形成一种结晶体，在地热运动中逐渐脱离原岩石；也有的生物学家在现场观察后指出，三都县的石蛋更多像恐龙蛋，但经化验并没有恐龙基因；贵州的地质学家认为，当地在久远的年代是汪洋大海，有些物质在压力作用下被挤压成球状，当沧海变桑田后，由于球体的密度与其周围物质的密度不同，周围的岩石风化较快，球体失去依托，于是脱壳而出，形成了"石蛋"。他们的分析均有道理，但至今没有一个成为科学的最后论断。

　　尽管如此，这有规律、按秩序在悬崖峭壁间定时生蛋的奇观本身足以让人着迷。1995年，黔南州旅游局局长刘世杰，把岩石生蛋奇观与会跳舞的风流草、奇怪的冷热洞、与美洲印第安部落惊人相似的图腾柱和独山天来客的出没地作为黔南六大谜，向世界公布并悬赏破译者。六大谜的破译者将享受一次免费环球旅游，获得一颗价值10万元人民币的罗甸宝石和1枚用三都黄金制作的金像。

　　在惊叹于大自然的神奇与神秘的同时，你不想去破译这些奇谜吗？说不定答案就在大自然的哪个角落中静静地等待着你的发现呢！

 # 真的有外星人吗

哈特博士是一位天文学家,他对UFO的存在持怀疑态度,他在《外星人他们在哪儿?》一书中指出:"在具备所有适宜生存条件的星球上形成生命的可能性远远高于一千亿分之一。这就意味着,在亿万个星系中仅有一个可以居住人的银河系。"书中又指出:"在我们银河系中,地球上的人类是唯一的生命。地球上生命的存在是不同寻常的巧合。在我们能到达的范围内不会再有另外的人类了。"

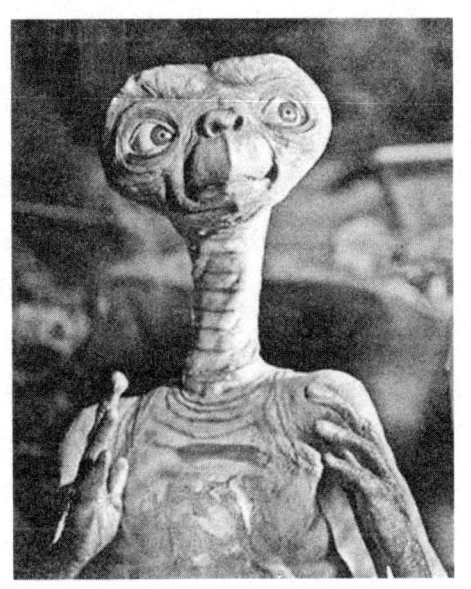

△ 经典科幻电影"ET"中的外星人

但是,生命会不会以其他的一些形式生存于银河系呢?研究过这类问题的科学家们都认为,由于其化学及物理特性,一般说很难形成。我们的地球与太阳相对来说是年轻的。计算表明,如果有外星人存在,那么外星文明世界应该在很久之前就已发展起来了,而且至少在一亿年前就到过地球或其他地方了。如果我们的太阳系有天外来客做过短暂的访问,我们应该在月球上发现他们的踪迹,因为那里没有风化作用,其踪迹不会被腐蚀掉。

外星人传来了《易经》吗

《易经》这部著作如此伟大,其作者是谁呢?史书记载:远古伏羲画八卦,周文王被商纣王囚禁时,又将伏羲八卦演变成六十四卦而成《周易》。那么,3000多年前的周文王为什么能写出这部被后人称为世界文化瑰宝的著作呢?他有如此高深的超前学问和智慧吗?北京大学地理系陈传康教授提出了《易经》成书新说,他猜想这部古书是记录天外来客所遗留下来的科学知识的形式推理书。陈教授的这种见解,立即引起国内外《易经》学界的关注。

另外,陈传康教授说,外星人光顾地球,并"告诉"了周文王许多先进的科学知识,而周文王作为一个远古初民学者并不能懂得其内容,只能以卦钩推理关系记录下其形式,从而使夏易和商易的纯占卜之象叠加了隐含现代科学内容的义理内涵。陈教授以地球上的众多遗迹作为引证,说现在发现的非洲、欧洲、美洲以及中国不少原始岩画、壁画,都不约而同地绘有外国圆环的头像,极可能是戴头盔的外星宇航员形象,而这些绘画产生的年代与《易经》出现的年代相距不远。

周文王"拘而演《周易》"的河南省久里城遗址,高出地面5米,是一座上万平方米的方形台地。陈教授考察后,断定此系一处人工土台,并非天然形成,可能就是外星飞船的降落台。

外星人曾在中国旅行过吗

在中国青海南部有座大山脉叫巴颜喀拉山，那里有大量的洞穴。1938年，中国考古学家纪薄泰在那里发现了一个奇怪的石盘，上面刻有无法理解的图案、符号和文字。洞穴的主人用某种未知工具把岩石凿成盘状，一共发现了716个。这些形如当今唱片的石盘中央有孔，从中孔出发，两条水纹线辐射开来，直到边缘为止。这当然不是有声的唱片，而是

△ 杜立巴石碟

一种文字符号。这在中国乃至世界上都是从未发现过的事情。多年来，专家们一直对这些石盘进行研究。

在千万年前，在巴颜喀拉山的洞穴里，生活着特罗巴人和汉人。特罗巴人体形矮小，脑袋奇大。他们身高只有1.3米左右，因为对他们了解得很少，专家们至今也不知该把他们归为哪　种人。

1962年，徐鸿儒教授及其合作者破译了石盘上的部分文字，译文是："特罗巴人来自云端，他们乘坐的是古老的滑动船。当地男女老少直到东方太阳升起的时候，才敢从洞里出来。这样的事共发生了10次。可是，最后一次他们终于明白了，特罗巴人来此地并不怀恶意。"

△ 真的有外星人存在吗

人们在历史记载中也看到有关记述。这些记载称：令人遗憾的是，1.2万年前，特罗巴人在嵩山着陆后，他们的飞船能量耗尽，而自己又造不出新的飞船能量来，只能永久地留在地球上。

为了进一步深入了解这些石盘，人们把石盘的碎块送到莫斯科进行科学分析。莫斯科的学者们吃惊地发现，石盘含有极高的钴和另一种金属，它们的振荡频率也是很少见的。仿佛石盘曾经带过电，或曾是一个电路中的一部分。今天，巴颜喀拉山石盘仍然是个不解之谜。人们推测，它们一定同1.2万年前山里发生的怪事有联系。

百慕大三角区是UFO基地吗

在世界的各个海域都有飞碟出没，其中飞碟出没最为频繁的当数百慕大三角区，这已是世人皆知的了。许多军用和民航机的驾驶员、海军和民船的水手、渔民、记者、研究人员都在这里的海域或空中目击过各种各样的飞碟。在百慕大地区，不仅已有数以百计的各种飞机、船舰，在状态极为良好的情况下，眨眼间就会不留痕迹地消失得无影无踪。而且美国肯尼迪角发射的3枚带弹头的火箭也莫名其妙地掉进了百慕大三角海区。可是谁也测不出火箭坠落的精确位置，当然也就无法打捞。

在百慕大三角区水下，人们已经发现了不少的人工建筑和两座巨大的金字塔，这显然不是生活在地球上的人们所建造。

百慕大三角区出现的飞碟实在太多了，以致生活在周围的广大居民都毫不稀奇。而这里又常有飞机、船只不明不白地失踪，人们自然将这些失踪事件与飞碟联系在一起。

一些飞碟专家经过长时间的细心研究后，都有这样的看法：假设大面积的海洋是外星人在地球上理想的基地，外星人应该将基地的总部设立在百慕大三角区。

人类未解之谜

UFO 在 3000 年前已光临过地球吗

据有关史料记载推测，外星人可能早在3000多年前就已光临地球了，但没有说他们为何要光临地球。

考古学家在考察苏木尔的古代文化时，在埃及库云底亚克山里，发现了一首雕刻在12块陶制书板上的一个有关英雄的叙事诗。

在这套书板的第7块上所叙述的事情，引起了考古学家们的极大兴趣。如果用今天的宇航知识来看，这里记载的是一个亲眼目睹太空旅行实况的记录。这个太空旅行实况是通过史诗中的主人公之一恩克度口述的。

恩克度被一只巨鹰似的铜爪抓着，在空中飞行。大约飞了4个小时后，忽然有一个声音对他说："你看看下面的大地，大地像什么呀？你再看看大海，大海又像什么呀？"恩克度回答："大地像一座高山，大海像一个湖泊。"他又在空中飞了4个小时，耳边又响起了那个声音，并问了同样的问题。恩克度说："大地像个花园，大海像花园里的水渠。"他又继续向上飞了4个小时后，又是同样的声音和同样的问题。恩克度向下仔细地观察了一番后说："大地像米粥，大海像水槽"……

在载人飞船遨游太空以后，人们发现，恩克度的比喻实在太确切了。因为从空中往下看，地球确实像粥和水槽互相交错成一片。但是，当时的苏木尔人怎么会知道这种现象呢？如果对地球没有直接的感性认识，谁也不会想到陆地像粥，大海像个水槽。

科学家发现，古埃及3000年前的金字塔的壁画上面，竟然有外星人太空船的模样。

金字塔上太空船的模样好似一个倒转了的碟子，这证明3000多年前，外星人已经与埃及人有过亲密接触了。